Juntos, sempre

Juntos, sempre

Confidências sobre um ano no inferno

Carole & Carlos Ghosn

Tradução de
Alberto Flaksman e Ana Luiza Baesso

Copyright © Éditions de l'Observatoire/Humensis, Ensemble, toujours, 2021

TÍTULO ORIGINAL
Ensemble, toujours

REVISÃO
Juliana Pitanga
Eduardo Carneiro

DIAGRAMAÇÃO
Ilustrarte Design e Produção Editorial

DESIGN DE CAPA
Angelo Bottino

IMAGEM DE CAPA
Ammar Abd Rabbo

CIP-BRASIL. CATALOGAÇÃO NA PUBLICAÇÃO
SINDICATO NACIONAL DOS EDITORES DE LIVROS, RJ

G348j

    Ghosn, Carole, 1966-
        Juntos, sempre : confidências sobre um ano no inferno / Carole
Ghosn, Carlos Ghosn ; tradução Alberto Flaksman, Ana Luiza Baesso. -
1. ed. - Rio de Janeiro : Intrínseca, 2021.
        304 p. ; 23 cm.

    Tradução de: Ensemble, toujours
    ISBN 978-65-5560-184-8

        1. Ghosn, Carlos, 1954-. 2. Ghosn, Carole, 1966-. 3. Executivos -
Biografia - Brasil. 4. Prisioneiros - Biografia. 5. Casais - Biografia - Brasil. I.
Ghosn, Carlos. II. Flaksman, Alberto. III. Baesso, Ana Luiza. IV. Título.

21-69260

CDD: 920.02
CDU: 929-055.1-055.2

Meri Gleice Rodrigues de Souza - Bibliotecária - CRB-7/6439

[2021]
Todos os direitos desta edição reservados à
Editora Intrínseca Ltda.
Rua Marquês de São Vicente, 99, 3º andar
22451-041 — Gávea
Rio de Janeiro — RJ
Tel./Fax: (21) 3206-7400
www.intrinseca.com.br

Para Greta, Arfan, Daniel, Anthony e Tara.
Para Zetta, Caroline, Nadine, Maya e Anthony.

Sem eles, esse momento em nossa vida
poderia ter sido ainda mais áspero.
Nós lhes dedicamos esta narrativa,
assim como aos nossos futuros netos.

Temos de arrancar a alegria dos dias que passam.

MAIAKÓVSKI

Prólogo

Em 19 de novembro de 2018, fui preso ao descer do avião no aeroporto de Tóquio, devido a uma denúncia da sociedade Nissan, da qual eu era o presidente do conselho de administração, depois de ter sido presidente e diretor-geral durante dezessete anos.

Naquela mesma noite fui levado à prisão sem que pudesse dizer algo nem prevenir alguém, e por 130 dias fiquei sob custódia do centro de detenção de Kosuge, um dos mais severos do Japão, com uma interrupção de um mês em março de 2019, quando fui liberado ao pagar uma fiança e depois condenado à prisão domiciliar em Tóquio, sem nunca saber qual seria a data do meu processo.

Durante a maior parte de 2019, com exceção de duas videoconferências nas quais os temas das nossas conversas eram limitados e a entrevista era monitorada, fui proibido de ver, conversar ou me corresponder com Carole, minha esposa.

Essa separação, que parecia não ter fim, foi uma tortura para nós dois, principalmente porque as razões alegadas pelos juízes japoneses para mantê-la eram mais parecidas com retaliações do que com precauções reais ligadas à investigação.

Durante oito meses, fizemos inúmeros pedidos para que pudéssemos nos ver, mas foram recusados diante de uma incompreensão total e uma surpresa do juiz, que não compreendia quanto um marido e sua esposa sofrem quando separados!

Este livro conta a história desse afastamento imposto, a tempestade que atravessamos estando longe um do outro durante quase um ano. É a narrativa da minha resistência contra a injustiça e da luta de Carole, que não parou de alertar a mídia sobre o funcionamento do sistema penal japonês, um escândalo humano que muitos desconhecem.

Até que não aguentei mais... Porém, não como os procuradores japoneses esperavam. Decidi reencontrar a mulher que amo.

Contra tudo e contra todos.

Carlos Ghosn

Carlos

19 de novembro de 2018

Quando os aviões sobrevoam o mar que separa o continente asiático do Japão, os passageiros costumam sentir turbulências mais ou menos fortes provocadas pelos ventos a grande altitude. Se já estiverem acostumados com essa viagem, eles não ficam preocupados. Eu, que viajo constantemente entre Paris e Tóquio, fico tranquilo com o percurso. Mas hoje, duas horas antes da aterrissagem no aeroporto de Haneda, o jato Gulfstream em que estou sofrera uma intensa turbulência, que eu nunca tinha sentido antes e que me abalou física e psicologicamente.

Algumas pessoas interpretam esse fenômeno atmosférico como um mau presságio. Não sou supersticioso, porém, mais tarde, pensando no que tinha acontecido, fui obrigado a admitir que talvez elas estivessem certas... Intuitivamente, tive o prenúncio da catástrofe que estava sendo preparada.

Contudo, eu me sinto bem relaxado, mesmo tendo pela frente uma semana de trabalho intenso, com uma agenda apertada, como de hábito: dois conselhos de administração, um da Nissan e outro da Mitsubishi, uma reunião com o governador de Tóquio e várias outras reuniões importantes a respeito da Aliança Renault-Nissan-Mitsubishi. Sem contar as grandes festas, os eventos que celebram a amizade e a cooperação franco-japonesa, aos quais não compareço ou vou raramente.

Durante esse voo, tive tempo para repassar os diferentes acontecimentos da semana, refletir sobre as intervenções que deveria fazer nessas reuniões. As horas passadas no avião são para mim um tempo de preparação para os próximos dias. Cada dia da semana é revisado e, para cada reunião, penso na mensagem principal que quero transmitir, nos objetivos a atingir.

Estou voltando de três dias passados em Beirute com minha esposa, Carole, e alguns amigos. Um fim de semana prolongado, durante o qual pude lhes dedicar um pouco mais de tempo. Mas quase nem penso mais nisso. De modo geral, sou uma pessoa que repensa pouco aquilo que já passou, só o futuro me interessa. E a semana que começa deve me trazer uma alegria particular: Maya, a caçula das minhas três filhas, virá de São Francisco me visitar, junto com seu companheiro. Não a vejo há muito tempo e me alegro ao pensar na visita. Combinamos de nos encontrar à noite no meu apartamento e depois sairmos os três para jantar. A promessa de uma bela noite...

Essa é também a razão pela qual planejei no avião toda a minha semana. Quero receber minha filha sem preocupações. Desde que eram crianças, sempre dei um jeito de passar um tempo com minhas filhas. É verdade que eu não estava muito em casa quando elas eram menores, mas ficava inteiramente à disposição delas ao reencontrá-las. Com o celular e o iPad desligados. Não quero que me vejam como chefe de duas multinacionais, mas como um pai igual aos outros, pronto a escutá-las, nos bons e maus momentos da vida.

São quase dezesseis horas. O jato aterrissa e desliza sobre a pista do aeroporto internacional de Tóquio.

Depois de treze horas dentro de um avião, ninguém chega ao destino apresentável e elegante. Mesmo tendo feito esse percurso centenas de vezes, estou um pouco grogue. De modo geral, o funcionário da alfândega olha discretamente o meu passaporte, carimba e me deixa seguir. Mas hoje foi diferente. Ele faz uma cara de surpresa e me pede que espere um pouco. Não falo japonês, mas compreendi seus gestos. Ele se levanta com meu passaporte na mão e desaparece em um corredor um pouco mais afastado.

É estranho. Na maioria das vezes, os funcionários me reconhecem e me cumprimentam com um gesto delicado, inclinando a cabeça. Hoje, nada. Digo para mim mesmo que o rapaz deve ser recém-contratado. Não fico preocupado. Só penso em não ter que esperar muito.

O homem volta, finge estar olhando algo no computador e depois, com um gesto de mão, me convida a segui-lo no corredor. Eu aceito, um pouco aborrecido com essa perda de tempo. Ele abre uma porta e me espera entrar. Na sala, três homens parecem estar me esperando. Um deles está sentado na cadeira diante de uma mesa.

— Sr. Ghosn, temos um problema com o seu passaporte — avisa o homem sentado. — Vou pedir a alguém que lhe explique.

Nesse momento, um homem baixo, magro e grisalho vem para perto de mim. Ele diz se chamar Yoshitaka Seki e trabalhar na procuradoria de Tóquio.

— Temos algumas perguntas a fazer ao senhor...

— Ah, é? Mas... vai demorar?

— Sim, talvez demore um pouco.

Não sei o que desejam comigo, mas não quero me atrasar para o meu encontro com Maya.

— Minha filha está me esperando para jantar. Tenho que avisá-la, senão ela vai ficar preocupada — digo, já pegando o celular.

Mas Seki interrompe meu gesto.

— Não! A partir de agora o senhor não pode mais usar seu telefone! Aliás, peço ao senhor que o entregue...

É o primeiro choque. Que história é essa? O que eles querem comigo? O tal Seki não me dá tempo de pensar.

— Queira nos acompanhar. E não se preocupe com a sua bagagem, vamos levá-la conosco.

Na mesma hora, três homens me cercam e me fazem sair por uma outra porta da sala. Alguém pegou minhas malas e vem atrás de nós. Entramos em um elevador e andamos por alguns corredores. Estou assustado, não entendo o que está acontecendo e ninguém me explica nada. Seki é o único que fala inglês, mas permanece calado. Quando pergunto aonde estão me levando, ele responde secamente:

— O senhor verá...

Em seguida, seu rosto fica impassível e ele volta a se calar.

No fim de um longo corredor, entro em uma pequena van com cortinas nas janelas, o que me impede ver o lado de fora. Eu me sento lá dentro, cercado por duas pessoas. Um motorista se senta no banco da frente, seguido por Seki, no banco do carona. A van parte.

Quando o veículo para, um pouco mais tarde, sou obrigado a descer. Estou em algum lugar parecido com uma garagem, sem qualquer pista sobre onde estamos. Entramos em outro elevador e, de novo, passamos por uma série de corredores vazios. Se alguém aparece no caminho, recebe a ordem de dar meia-volta. Parece que ninguém deve me ver. Como se quisessem produzir um vácuo ao meu redor, me isolando de tudo.

Então, me conduzem até um escritório, onde fazem eu me sentar. Seki me informa a razão de estarmos naquele local que parecia uma prisão. Foi feita uma denúncia contra mim, explica ele, sobre imposto de renda não declarado. Suas palavras exatas são "falta de informações financeiras".

Minha estupefação se soma à surpresa e à brutalidade do tratamento. O que estão dizendo? Não entendo essa acusação. E me preocupo com minha filha. Ela deve estar se perguntando o que terá acontecido comigo. Sem dúvida, já deve ter tentado me ligar muitas vezes...

Como nunca tive nenhuma relação com a justiça japonesa, não sei quais são os meus direitos como cidadão estrangeiro no país. Como qualquer cidadão ocidental em uma situação como esta, peço para falar com um advogado, mas ninguém me responde, apenas me ignoram. De fato, todas as minhas perguntas ecoam no vazio. Só posso obedecer e ficar quieto.

Pouco depois, sou conduzido mais uma vez à van. Não vejo minhas malas, mas confesso que nem me preocupo com elas. Tento pensar, mas o choque emocional é tal que não consigo racionalizar o que está acontecendo. Ninguém me diz aonde estamos indo, até o momento em que o veículo para e, ao sair dele, percebo que sou esperado por homens uniformizados que parecem guardas de uma prisão.

Entramos em outra sala, e minhas malas, que reapareceram, vão junto e são examinadas minuciosamente. Depois, por meio de gestos, pedem que eu tire a roupa. Toda a roupa. Eu tiro. Entregam-me outras roupas — uma cueca, uma calça e uma camisa de mangas compridas verde-clara, assim como chinelos de plástico da mesma cor. Já tiraram meu relógio e estão com minha carteira e meu cinto. A lista dos meus bens pessoais é escrita em japonês em uma folha de papel, que devo assinar mesmo sem ter entendido uma só palavra. Para terminar, me pesam, medem a minha altura e tiram uma fotografia.

Neste exato momento, sinto uma impressão fulgurante, quase uma explosão: a de passar de TUDO a NADA. Não sinto nesses homens intenção de me humilhar — eles apenas se preocupam, aparentemente, que eu me beneficie de algum privilégio.

Sou conduzido a uma cela no andar de cima. Ela é minúscula, com exatamente 6,48 metros quadrados. Limpa como um centro cirúrgico, com um vaso sanitário no fundo, à vista de todos, uma pequena pia, uma bacia de plástico colorido. No chão, tatames colocados lado a lado, um futon dobrado e um cobertor fino. Contra a parede, uma mesa baixa de madeira.

Uma sensação de frio me domina. Estamos em novembro e a temperatura na cela é muito baixa, parece estar abaixo de 15°C. Logo compreendo que esse frio não resulta de economia contra um déficit orçamentário, como afirma a direção da prisão. É um meio muito elementar de evitar que os presos pensem, planejem estratégias de defesa... Quando você treme de frio dia e noite, só pensa em se aquecer. O frio esvazia sua cabeça, congela seus pensamentos, o desumaniza.

A porta da cela é fechada. Fico em pé no centro dela sem poder fazer um só gesto. Cá estou eu, prisioneiro no centro de detenção de Kosuge. Sem ter visto nem avisado ninguém. E, sobretudo, sem ter dito uma palavra.

Nem desconfio que, naquele mesmo momento, Maya e seu companheiro estão no meu apartamento, cercados por uns quinze homens vestidos de preto, enviados pelo procurador, revistando cada gaveta, cada móvel.

A noite chegou. Sei disso porque vejo pela janela de vidro opaco que dá para o exterior, através da qual tudo é impreciso. Às 21 horas, a luz muito forte da cela diminui de intensidade, mas não se apaga — para que o guarda possa me vigiar durante as rondas, como saberei mais tarde.

A primeira noite se passa em um estado de extremo entorpecimento e confusão. Não sei nem se adormeci. Não consigo pensar. Qual será a acusação contra mim? Quem deu a ordem para que eu fosse preso? Esses dois questionamentos martelam sem parar na minha cabeça e me levam à loucura.

Carole

Paris, 19 de novembro de 2018

Cheguei bem em Tóquio. Sorrio, aliviada. Quando viaja de avião, Carlos é sempre fiel a seu pequeno ritual de me enviar uma mensagem assim que pousa, para me tranquilizar. Este fim de semana parece igual a tantos outros: domingo à noite, meu marido voou de Beirute para o Japão e eu, para Nova York, onde moram meus três filhos, com quem combinei de passar o Dia de Ação de Graças.

Saí do Líbano às duas horas da manhã, cheguei ao aeroporto Paris-Charles de Gaulle ainda de madrugada e tomei um avião para Nova York. Já dentro da aeronave, escrevo uma última mensagem antes da decolagem: *Amo você, Carlos.* Espero alguns segundos, e nada. Estranho... em geral, ele responde logo. Será que o motorista foi ao encontro dele e em seguida o conduziu até o carro, e Carlos não teve tempo de responder às minhas palavras de amor? Fico pensativa por alguns minutos, aguardando a mensagem dele, mas nada. Desisto de esperar. Vou ler a mensagem dele quando estiver em Nova York. O avião começa a taxiar pela pista. Desligo o telefone.

Durante o voo, volto a pensar nos três dias que passamos em Beirute. Carlos dedicou muito tempo a mim e a si mesmo. Isso é raro. Almoçamos com a minha mãe e com o homem que considero meu pai, porque me criou desde os meus três anos. Fizemos compras, recebemos amigos em casa e encontramos outros na zona rural do Líbano. Uma pausa feliz na rotina, de muitos prazeres a dois, antes que Carlos retomasse o ritmo frenético de seu trabalho.

Ele viaja muito, um dia aqui, dois dias em outro lugar; de manhã está em um país, à noite, em outro, com uma energia que sempre me fascinou. Em sua agenda, cada país tem uma cor diferente e os compromissos são marcados com um ano de antecedência. Ele acorda às cinco da manhã, dorme pouco e trabalha a maior parte do tempo. Mas, sejam quais forem seus problemas, suas preocupações, ele é sempre paciente com as pessoas próximas. Ao contrário de tanta gente, não contamina seu círculo íntimo com o estresse das grandes responsabilidades. Ele nunca se queixa de nada.

Como ele, adquiri o hábito de morar em vários lugares. Raramente vou ao Japão ou ao Brasil. Preferi restringir minhas viagens, que já são cansativas, aos Estados Unidos, à França e ao Líbano, onde moram minha família e meus melhores amigos. Quando meus filhos eram mais novos, todo início de semana eu ia para os Estados Unidos, onde eles foram criados e onde estudaram. Hoje, Daniel e Anthony trabalham em Nova York. Tara, a caçula, está na universidade.

Desde que começamos a nos relacionar, Carlos dá um jeito, na medida do possível, de nos vermos todo fim de semana. Vou ao encontro dele, em geral em Beirute ou Paris.

Sobrevoando Nova York, ligeiramente inquieta, volto a ligar o celular antes do pouso do avião, coisa que não costumo fazer. O avião inteiro ouve o toque. Um pouco constrangida pelos olhares dos outros passageiros, atendo imediatamente. É Daniel, meu filho mais velho.

— Mãe, não se preocupe... Vai ficar tudo bem... — diz, antes que eu possa falar qualquer coisa.

— Mas... O quê? O que houve?

— O Carlos...

Na mesma hora, imaginei o pior.

— Ele sofreu um acidente? Morreu?

— Não, não, mãe. Ele foi preso quando chegou ao Japão, mas com certeza foi um mal-entendido, não se preocupe...

É inútil, mas tento mentalizar que, se Carlos está bem, as coisas vão se acertar. Meus pensamentos se confundem, caminho de forma automática, sem enxergar ninguém ao meu redor. Não sei nem como peguei minhas malas e passei pela alfândega, tamanho o pânico que me dominou. Felizmente, Daniel e Anthony me aguardam na saída. Eles me abraçam, mas nem espero que digam algo.

— Venham, crianças, vamos ver logo qual é o próximo voo para Tóquio! Não vou para casa, vou viajar!

A ansiedade me cega e me faz perder todo o discernimento. O bom é que meus dois filhos estão com a cabeça no lugar.

— Não, mãe. Vamos para o apartamento, ver o que houve, e depois pensamos numa solução.

Sem contestar, sou levada para minha casa, em Manhattan. No carro, novo telefonema. É meu ex-marido, o pai dos meus filhos.

— *Carole, are you okay?* Posso ajudar em alguma coisa? Não se preocupe, vai ficar tudo bem...

Enquanto ele tenta me tranquilizar, ouço no telefone uma série ininterrupta de mensagens: são as mensagens de amigos, de conhecidos que ouviram as notícias e queriam saber o que estava acontecendo.

Em casa, liguei o televisor e custei a acreditar: a prisão de Carlos estava em todos os canais, sem exceção, e em destaque a cada nova edição. Só se falava nisso! Nesse momento, ocorreu-me um pensamento estranho e até mesmo tolo: meu marido era um homem importante! É um absurdo, eu sei, mas, apesar de saber do trabalho e das responsabilidades dele, ele era, antes de tudo, *meu marido, meu amor.* Eu o via, a princípio, como meu companheiro e não como um dos maiores empresários do mundo...

Sem falar que ele não aparece tanto assim na televisão. Carlos aparece para fazer comunicados importantes a respeito da Aliança Renault-Nissan-Mitsubishi; ou surge em reuniões com presidentes, ministros que ele acompanha em uma ou outra fábrica de carros, mas nada além disso. Agora, ele está em toda parte. Vejo, em loop, a mesma imagem de seu jatinho particular Gulfstream na pista do aeroporto de Haneda e as cortinas das janelas que se fecham enquanto silhuetas escuras embarcam, em fila indiana.

A campainha me sobressalta. São os primeiros amigos que começam a chegar, também atrás de notícias. Naquela noite, muitos tentaram me reconfortar, alguns me oferecendo comprimidos de Valium, tranquilizantes; outros, repetindo o que eu dizia a mim mesma: é só um mal-entendido, um erro. Carlos logo vai ser solto, e tudo vai voltar ao normal.

Um advogado que consulto por recomendação de minha amiga Lara é categórico: "Carole, antes de mais nada, não tome qualquer iniciativa! Enquanto não soubermos os motivos da acusação, vamos esperar. Se você for ao Japão, talvez seja presa e não poderá fazer nada para ajudá-lo. Fique tranquila, e vamos ver o que acontece nas próximas horas..."

A noite termina, meus amigos vão embora e eu fico com meus filhos. Tara me liga da universidade para dizer que chegará um pouco mais tarde. Minha mãe me liga de Beirute chorando e tento consolá-la, mas não tenho mais forças e desligo logo. Não é hora de todos nós nos afundarmos.

Passo a noite toda sentada em uma cadeira na sala, prostrada, vendo as imagens que se repetem na TV. Vasculho a tela tentando encontrar Carlos, mas não é possível vê-lo. E não entendo por que os jornalistas foram chamados ao aeroporto. Por que eles já estavam lá? Quem os avisou? Ainda não sei, mas toda essa encenação e esse show são enganosos: querem nos fazer acreditar que meu marido ainda está dentro do avião, que está sendo preso e interrogado. Na verdade, ele já está nas mãos do procurador e em breve será conduzido à terrível prisão de Kosuge, em Tóquio.

Kosuge. Nunca ouvi falar desse centro de detenção. Para ser sincera, não conheço nada do "lado obscuro" do Japão, de seu sistema judiciário e carcerário. Conheço o país através do olhar de Carlos, que sempre exaltou a civilidade dos japoneses, seu refinamento, sua boa educação. Sei que a culinária é saborosa, que a cultura é muito rica. De repente, é como se uma cortina se rasgasse diante de meus olhos e me revelasse a face oculta do Japão.

Quando eu souber que Carlos foi conduzido no início da noite para Kosuge, não terei forças nem para procurar na internet como é a prisão, como são as celas. Tudo foi muito rápido, muito violento. Não sei o que está acontecendo conosco, não sei o que querem do meu marido para tratá-lo assim. Estou em estado de choque, o maior choque que já senti em toda a minha vida.

Tara chegou em casa pouco depois, e em seguida Alain, meu irmão, com a família dele. Passamos juntos o Dia de Ação de Graças mais triste de todos. Quem visse, parecia que voltávamos de um velório... Não consigo fingir estar bem e não paro de me esconder no meu quarto. De manhã, preciso fazer um esforço sobre-humano para sair da cama, sorrir, seguir a vida cotidiana. Tenho dificuldade até de permanecer de pé.

Mais um motivo de preocupação: assim que soube da notícia, e apesar das minhas advertências, Nadine, a filha caçula de Carlos, foi para o Japão. Ela encontrou Maya, que já estava em Tóquio com o namorado. Entendo que elas queiram estar perto do pai, mas, diante das circunstâncias, é muito perigoso. Felizmente, Laurent Pic, embaixador da França no país, telefona e diz para elas saírem do Japão o mais rápido possível. "Não fiquem aí! Voltem imediatamente!", ordenou.

Elas o ouviram e vieram ao meu encontro em Nova York. Já que, por ora, não posso fazer nada por Carlos, ao menos poderei proteger um pouco suas filhas, cuidar delas...

Carlos

Uma fraca claridade atinge a janela opaca. Deve ser muito cedo. Seis horas? Um pouco mais tarde, talvez... Estou desorientado. Alguns barulhos difusos indicam o início de alguma atividade. Ouço passos se aproximando, um barulho de chaves. A luz na cela fica mais intensa, como se fosse mágica. Um guarda entra e me explica, por meio de gestos, que está na hora da chamada. Ele me indica o número que deve ser o meu: 2245. Em Kosuge, os homens perdem seus nomes e passam a ser números. De agora em diante, deverei declará-lo em inglês ao primeiro guarda que entrar na minha cela todas as manhãs, gritando: "Bango!" [Número!].

Como café da manhã, me servem uma sopa rala com uma tigela de arroz e algumas algas — no futuro, as algas poderão ser substituídas por pequenos legumes ao vinagre assados. Para beber, um chá verde de qualidade medíocre.

Lavo o rosto para acordar e, automaticamente, levanto a cabeça para me ver. Encaro a parede branca. Não existe espelho sobre a pia nem na cela. Eles pensaram mesmo em tudo que desestabiliza um prisioneiro, como não se ver ao acordar depois de um dia tão absurdo e angustiante como o que vivi ontem...

Estou tremendo. Aperto o botão da torneira para água quente, mas nada acontece. Então bebo o chá morno e aguardo.

No meio do dia, o procurador Seki me convoca a um escritório na prisão. Percebo novamente que os guardas se esforçam para que ninguém me veja. Eles chegam a obrigar quem já circulava no corredor a se virar de frente para a parede!

Seki vai direto ao assunto:

— Vamos começar os interrogatórios. A partir de agora, o senhor não poderá ver ninguém, com exceção dos seus advogados, quando os tiver nomeado, e do embaixador do país onde o senhor tem a sua nacionalidade.

No mesmo instante, penso na sorte de ter origem libanesa, nascer no Brasil e ser francês por escolha. Isso multiplicará as entrevistas por três. Seki sabe disso e vejo em seu semblante que essa particularidade, contra a qual ele não pode fazer nada, o aborrece. Mais tarde, ele me dirá que não pode se opor à visita dos três diplomatas. Mas insiste, dizendo "o senhor não deve exagerar", porque tenho que lhe conceder tempo para trabalhar. Ou seja: o maior tempo possível para me interrogar.

Ele acrescenta, em tom seco, que Laurent Pic, o embaixador da França no Japão, terá um encontro comigo na parte da tarde.

Sou levado de volta à minha cela. Não conheço as regras do "prisioneiro-modelo", o que posso fazer e o que é proibido. Como nenhum guarda fala inglês, eles me explicam as coisas devagar, por meio de gestos que mal compreendo. Só quando chega um intérprete é que sou informado de que devo me deitar às 21 horas, ao ouvir um sinal sonoro, e me levantar com o alarme que toca às sete horas; que devo dobrar e guardar meu futon todas as manhãs; que não tenho o direito de andar pela cela nem de ficar deitado durante o dia, com exceção do tempo reservado para a sesta; que receberei três refeições — às 8 horas, 11h45 e 16h20 —; que devo ficar sentado no chão, com as pernas dobradas e os joelhos afastados, junto à minha pequena mesa, e, durante a noite, dormir de barriga para cima ou de lado, com o rosto descoberto para que o guarda possa me ver; que tenho direito a dois banhos de chuveiro por semana, com duração de quinze minutos cada um. E que o sabonete, a pasta de dentes e as toalhas serão custeados por mim.

De segunda a sexta, depois do café da manhã, tenho direito a quinze minutos de exercícios físicos na cela. Logo farei exercícios diários de musculação. Meu trabalho me obriga há muito tempo a uma disciplina muito estrita, e conheço os benefícios do esporte para o corpo e a mente.

Na tarde do segundo dia, fico feliz em receber Laurent Pic. O embaixador é um homem calmo, com a voz suave e o olhar bondoso. Encontramo-nos em um cômodo pequeno, separados por um vidro.

Ele começa me dizendo que Carole e minha filha Maya foram informadas sobre a situação. Eu gostaria de pedir que ele as acalmasse, dissesse que estou bem, que se trata de um erro etc., mas ele emenda com o segundo assunto:

— Sua prioridade absoluta é contratar um ou mais de um advogado.

Como nunca precisei dos serviços de um advogado para as questões pessoais, o único que conheço é do grupo Nissan. Quando peço ao embaixador para chamá-lo com urgência, ele se mostra preocupado.

— Não, sr. Ghosn, o senhor não pode nomear o advogado da Nissan... O senhor não sabe, mas ontem, logo depois da sua prisão, Hiroto Saikawa, seu diretor-geral, deu uma entrevista coletiva na qual criticou duramente seu estilo de vida, seus inúmeros imóveis, o uso intenso do jato particular etc. Seu discurso foi uma acusação...

Ele para e me olha fixamente.

— O que está acontecendo é muito grave, sr. Ghosn...

Fico de boca aberta por alguns segundos. Eu, que pensava haver sido um terrível mal-entendido e que a Nissan iria agir para resolver o problema, fico estarrecido. O inimigo está dentro de minha própria equipe!

Percebi também que fui preso por "subnotificação de rendas", segundo o procurador, ao passo que Saikawa me acusa de outra coisa. E essa "outra coisa" se parece espantosamente com o que chamamos em inglês de *"the character assassination"*, uma campanha com o objetivo de destruir a imagem de alguém. Os procedimentos são sempre os mesmos: a exposição forçada de fatos fora de contexto, ligeiramente alterados e dos quais se eliminam todas as explicações (causas, aceitações, autorizações) e aos quais se misturam falsas acusações. É tudo manipulado e beira a populismo e demagogia.

E funciona... Até para o próprio embaixador! Percebo que, mesmo se Pic demonstra alguma simpatia e está disposto a acreditar em mim, as acusações feitas por Saikawa o perturbam. Como não nos conhecemos, ele se sente um pouco dividido.

Apesar de tudo, ele se coloca à minha disposição. Nosso tempo acaba. Antes de ir embora, ele promete voltar duas vezes por semana para me informar sobre o caso.

— Se alguém tivesse me dito que um dia eu traria laranjas para Carlos Ghosn na prisão, eu não acreditaria... — comenta, com ar sonhador.

Ele poderá, se eu quiser, transmitir mensagens à minha esposa, minha família, à Renault, ao governo francês.

— Mas — adverte — todas as mensagens enviadas ou recebidas serão controladas pela administração de Kosuge.

Volto para a cela desiludido. Durante a noite, penso no que Pic disse, na coletiva de imprensa sem dúvida planejada há muito tempo, nas pessoas que eu achava serem de confiança e que me acusam de todos os males. E Saikawa, que tinha dito, a meu respeito, que eu não era o homem responsável pela ressurreição da Nissan em 1999, "que ela havia sido realizada por todos os assalariados...". É óbvio o papel importantíssimo que eles desempenham na empresa. Saikawa apenas omite o fato de que, antes da minha chegada, houve duas tentativas de recuperação da empresa que fracassaram de forma lamentável. Ele elogiou a direção da Nissan anterior a 1999, aquela que tinha provocado um desastre e foi a causa da necessidade das reestruturações.

De repente, me lembro de um detalhe físico que sempre me perturbava. Eu tinha percebido que quando Saikawa me cumprimentava, de manhã, seu corpo ficava estranhamente recuado, e ele mal apertava minha mão. Uma mão fria, sem energia e um pouco úmida, cujo contato me desagradava. Exceto por esse defeito, ele era organizado, disciplinado e apresentava bons resultados. Eu nunca poderia ter imaginado que...

Havia anos que eu preparava Saikawa para me suceder, tendo decidido que o próximo líder deveria ser um japonês. A partir de meados de 2017, comecei a me afastar do comando da empresa: eu não era mais o presidente e diretor-geral, mas continuava como presidente do conselho administrativo, tendo cedido a direção executiva a Saikawa. Era ele, desde então, quem controlava a empresa.

Sua traição é uma imensa decepção. Eu confiava nele, mesmo com nossas relações se restringindo ao campo profissional. Eu nunca o encontrava fora do ambiente de trabalho. De fato, nunca tive amigos na Nissan. Nem na Renault. Eu fazia questão absoluta de seguir essa regra. Talvez isso tenha me prejudicado... Mas fazer amigos nas empresas me parecia incompatível com a natureza da minha missão.

Quando você é o líder e quer tratar das coisas de forma objetiva, não pode estabelecer relações de amizade, mesmo com os colegas mais próximos. Se por um lado você tem amigos, os que não fazem parte desse grupo vão achar que suas decisões são tendenciosas; por outro lado, você corre o risco de tomar decisões erradas, dando mais oportunidades a uns do que a outros...

Saikawa me critica por conta do meu estilo de vida, os imóveis, o uso do jato particular da Nissan... Não compreendo: tenho essa vida há dezenove anos, por necessidade profissional, à vista e ao conhecimento de todos, e nunca ninguém próximo a mim fez nenhum comentário negativo! Além disso, todos estão a par disso, os contadores e auditores da Nissan em primeiro lugar. Não obriguei ninguém a concordar ou assinar documentos para selecionar os apartamentos nos países onde a Aliança atua. Além disso, não são apenas residências, mas também locais onde posso trabalhar e receber personalidades do mundo dos negócios e da política. Com conforto, certamente, mas com um objetivo profissional e as exigências de segurança e discrição que as minhas responsabilidades impõem. Mais uma vez, conhecido e sabido por todos.

"Aparentemente, a Nissan tem um dossiê muito completo contra o senhor...", disse Laurent Pic. Não consigo acreditar. Há quantos meses estão trabalhando com o propósito de me destruir? Quem estará por trás disso tudo? Muitos rostos desfilam diante dos meus olhos, todos os homens que trabalham a meu lado há muitos anos, que eu promovi, em sua maioria, aos níveis mais altos da hierarquia e, hoje, me apunhalam pelas costas.

Agora compreendo melhor o *timing* da prisão. Tudo foi premeditado e cronometrado, um golpe montado. Os homens do procurador no aeroporto, a cena do passaporte para que eu não desconfiasse de nada e me submetesse às ordens, a coletiva de imprensa de Saikawa... Mais adiante, descobrirei que alguns jornalistas japoneses, avisados com antecedência da minha chegada, filmaram o avião sendo cercado por um exército de agentes do procurador. Uma armadilha sutilmente armada e na qual caí.

Não conheço nada sobre o sistema judiciário e carcerário do Japão. Apesar de tudo, tendo sabido de negócios nos quais certo número de gerentes japoneses tinham cometido atos graves sem nunca terem sido incomodados, percebi que a justiça japonesa não era imparcial.

Alguns desses negócios terminaram de forma escandalosa. Houve a catástrofe de Fukushima, na qual milhares de pessoas foram submetidas à irradiação nuclear por causa da incompetência de muitos responsáveis e do descumprimento de normas para a construção da central nuclear. Os três principais responsáveis foram julgados e absolvidos.

Em compensação, os estrangeiros estão menos protegidos que os nativos e são duramente castigados. Sou a prova viva disso. No caso da Olympus, o diretor-geral, um inglês que denunciou as fraudes cometidas pelos dirigentes japoneses da empresa, foi demitido e teria sido preso se não tivesse saído do país quando sentiu o vento mudando de direção!

No Japão, nem sempre as verdades devem ser ditas... Houve outros casos muito graves que não chegaram à mídia, porque a imprensa não é livre ou se autocensura por razões econômicas. Nenhum meio de comunicação japonês deseja ter o governo como inimigo, de quem depende muito: para o seu financiamento e para ter acesso às informações necessárias.

Mais tarde, compreenderei a relação mafiosa que a procuradoria japonesa tem com a imprensa. As informações judiciais vazam dos procuradores para a mídia mais "alinhada" com o poder, o que é absolutamente proibido pelas leis japonesas. É assim que essa relação "doma" os jornalistas: os que estão de acordo com ela têm acesso à informação. Os outros, não.

Alguém pode dizer que isso acontece em muitos países, o que, infelizmente, é verdade, mas acontece menos nas grandes democracias. No Japão, é sistemático. Como temos a impressão de se tratar de uma democracia moderna e civilizada, pensamos que a imprensa japonesa é aberta, liberal e independente. Não é nada disso, muito pelo contrário. Na classificação mundial da liberdade de imprensa, esse país, que se orgulha de ser uma grande democracia, está classificado apenas no 67º lugar!

Portanto, eu sabia que o sistema judiciário japonês é especial, com um alto grau de impunidade e muita severidade. Mas não me importava, porque tudo ia bem entre os japoneses e eu: trabalhávamos com confiança e em harmonia havia quase vinte anos. Eu os considerava pessoas leais...

Dois dias depois, o embaixador do Líbano veio me ver. Depois dele, João de Mendonça Lima Neto, o cônsul-geral do Brasil. Mesmo sendo diplomatas, eles são submetidos a certas regras. Não podem chegar perto de mim, me entregar cartas ou qualquer outra coisa, e devemos nos falar através de uma barreira de vidro. O uso de smartphones é proibido no interior da prisão, eles não podem gravar a minha voz nem me fotografar. Entretanto, podem me mostrar documentos e tomar nota das mensagens que envio a Carole, às minhas filhas e às minhas irmãs.

Antes que o embaixador da França tivesse me informado da traição da Nissan, a direção da prisão me recomendou contratar um advogado. Espontaneamente, pedi que chamassem o advogado da Nissan, ou que a empresa me indicasse alguém.

Na quarta-feira, quando o advogado enviado pela Nissan para me defender chegou, recusei seus serviços e ele foi embora. Ao mesmo tempo, atendendo à solicitação do embaixador Pic, a sede da Renault me propõe um grupo de três advogados: Motonari Otsuru, Go Kondo e Masato Oshikubo.

Achando que podia confiar nos conselhos da Renault, aceitei ser defendido por essa equipe, liderada por Otsuru. É provável que o encontrarei com maior frequência. Paradoxalmente, ele é o único do trio que não fala inglês.

Otsuru, conhecido como "o senhor ao quadrado", em virtude de sua grande seriedade, foi apresentado a mim como uma pessoa brilhante. É um antigo procurador, por isso conhece bem os adversários. Em vista da minha situação e estupefação, sou obrigado a confiar nele.

A escolha da Renault seria catastrófica. Desejo acreditar que não tenha sido intencional. Mas ainda não chegamos a essa parte...

Em sua primeira visita, o embaixador da França me informou sobre a prisão de Greg Kelly, no mesmo dia que a minha, e sua detenção em Kosuge. Greg é um colaborador muito próximo que teve papel muito importante na Nissan como responsável por múltiplas funções de apoio, como o setor de recursos humanos. Se ele foi preso, deve ser porque se recusou a participar das tramoias do procurador. O que não me surpreende em se tratando de Greg, um homem honesto e íntegro.

No entanto, fico surpreso que ele tenha vindo dos Estados Unidos a Tóquio para participar da reunião do conselho de administração, que ele costuma assistir por videoconferência de Nashville, no Tennessee. E ele me disse que estava doente e deveria passar por uma cirurgia em breve. Eu imagino que Hari Nada deve ter feito de tudo para que Greg viajasse, explorando a "amizade" que os ligava e que muito o ajudou na sua ascensão na Nissan, apesar da sua reputação de *backstabber* [traidor]. Enfim, aconteceu. Greg caiu, como eu, na armadilha preparada por seu protegido, teleguiado pelo procurador e a "velha Nissan".

Carole

Não fiquei muito tempo nos Estados Unidos. Alguns dias após a prisão de Carlos, descobri que nossa casa em Beirute tinha sido "visitada" pelos homens da Nissan. Eles entraram na mais absoluta ilegalidade e trocaram as fechaduras das portas. Eu descobriria, pouco depois, que tudo tinha sido planejado: assim que Carlos foi preso, os vários apartamentos que ele utilizava para seu trabalho foram vasculhados, computadores foram apreendidos, assim como documentos importantes, entre os quais alguns que teriam sido úteis para a defesa de meu marido. Eles só não conseguiram entrar no nosso apartamento em Paris.

Não consigo mais esperar inerte em Nova York. Preciso retornar ao Líbano para nos proteger e proteger nossos bens.

Em Beirute, Maria, uma de minhas melhores amigas, aguarda-me no aeroporto. Quando a vejo, desfaço-me em lágrimas em seus braços, mas ela diz:

— Carole! Carole! Não, agora não! Não chore! Você precisa ser forte!

As palavras dela foram como um choque. Engoli as lágrimas de uma vez só e respirei fundo.

— Tem razão. Não vou me deixar abater...

Do aeroporto, fui encontrar um advogado. Depois fiz um desvio rápido para ver o que estava acontecendo na minha casa ocupada. Agentes de segurança da Nissan cercavam aquela que todos aqui chamam de "casa rosa" por causa da cor pastel das paredes. Eles me deixam entrar para pegar algumas roupas e eu descubro, chocada, que, ao trocarem as fechaduras, eles prenderam nossos dois funcionários dentro da casa! Desde então, eles não puderam mais sair!

Fui à polícia relatar o cárcere privado e a entrada abusiva da Nissan na nossa casa, e depois para a casa da minha mãe, bem próxima dali, onde eu passaria algumas semanas. Naquele momento, eu não conseguiria ficar sozinha.

Apesar do carinho dos meus pais, da presença afetuosa dos meus amigos, mergulho numa tristeza e angústia sem fim. À tarde, sozinha no meu quarto, afogo-me em pensamentos sombrios. À noite, não consigo dormir. Não recebo nenhuma notícia de Carlos e não consigo fazer contato com ele. Então, leio e releio o enorme material midiático que relata a prisão dele e fala das acusações. Cada ataque contra ele é como um tiro, uma facada.

Todos os segundos do dia são dominados por Carlos. De manhã, quando tomo banho, sinto-me culpada porque imagino que ele não deva poder fazer isso no lugar onde está. Na minha cama confortável e quente, eu o imagino deitado em um colchão de palha duro. Na rua, eu me condeno por andar por onde quero, por ser livre... Todo gesto me remete a ele — a saudade de sua presença, de sua voz, de seu humor, de seu sorriso é cada vez mais cruel, insuportável.

Mas, pouco a pouco, uma ideia vai me dominando e me fortalecendo: penso que, se ele sobreviver e não perder as esperanças — e não tenho dúvidas quanto a isso, conhecendo o temperamento dele —, o mínimo é que eu, que sou livre e bem relacionada, não me deixe abater.

Essa convicção vai crescer dia após dia e me ajudar a me erguer, a me impulsionar com uma intensidade que nunca me imaginei capaz de ostentar. Sem saber, Carlos me dá forças para pensar em maneiras de socorrê-lo e lutar por ele.

Carlos

Os interrogatórios começaram no segundo dia. Dois guardas me acompanham da cela até a sala, sempre trancada à chave, onde me esperam o procurador, seu assistente e um intérprete. Como mencionei anteriormente, o procurador Seki fala inglês, mas ele está sempre acompanhado de um intérprete, que só está disponível à tarde e à noite, durante os interrogatórios.

Chego a essas sessões com as mãos vazias. Não tenho o direito de anotar nada, sou proibido de ter lápis e papel. E, é claro, meus advogados não estão presentes.

Sento-me em frente a Seki e damos a partida para... quatro, cinco, seis, às vezes sete horas seguidas! Essas sessões são intermináveis, podem acabar depois das 22 horas. A atmosfera é pesada e terrivelmente incômoda. Ele colocou na sua frente grossas pastas — sem dúvida para me impressionar — de onde tira de vez em quando um documento para me mostrar as supostas provas contra mim. Ele pergunta e repete as questões de forma obsessiva, me pedindo detalhes sobre números referentes a anos atrás.

Seki, que deve ter uns quarenta anos, é magro, maçante, com traços duros e desagradáveis. Como era de esperar, é muito conservador, nacionalista e sectário. Um dia, sem que eu lhe pergunte nada, ele declarou ser a favor da pena de morte e achar lamentável que, na França, os terroristas sejam condenados a penas de prisão, em vez de balançar na ponta de uma corda. Depois dessa declaração, ele me observou durante um instante, mas, como fiquei impassível, passou à pergunta seguinte.

Ele me diz frequentemente:

— Como, sr. Ghosn, o senhor não se lembra? O senhor disse isso naquela ocasião, há dez anos...

E quando, de fato, eu reconheço que tinha esquecido, ele exulta e afirma com ar de desprezo:

— O senhor vê? Sua memória é verdadeiramente seletiva!

Qualquer coisa serve para me desestabilizar e me deixar desconfortável. As sessões se arrastam durante horas porque ele sai para tomar café, atender a um telefonema, fazer uma pausa... Nesses casos, eu fico esperando sem nada para fazer, ou então sou reconduzido à cela e me buscam para recomeçar o interrogatório. Entendo que estou submetido à vontade dele.

Às vezes ele se levanta, anda ao meu redor e volta à sua cadeira. Só posso me mexer se ele autorizar. Só tenho o direito de ir ao banheiro e de pedir para beber água. Não me lembro de ele ter me oferecido um café ou um chá.

O momento mais difícil do ponto de vista psicológico acontece no fim de muitas horas de interrogatório. Quando me levanto para ser levado, esgotado, de volta à cela, Seki sempre age da mesma forma.

— Amanhã — diz, com um ar pérfido — vamos tratar de tal ou tal assunto. O senhor ainda não sabe o que fulano disse a seu respeito. Mas, verá, é muito duro para o senhor. Enfim, falaremos disso amanhã.

Ele me deixa sair com esse veneno, essa ameaça dissimulada. Não há nada mais eficaz para estragar a minha noite! Essas palavras provocam em mim um estresse instantâneo. Impossível não pensar nelas e não envenenar as próximas horas de sono.

Mesmo sabendo que esse espetáculo é bem ensaiado, e que ele mente como respira, essas alusões me fragilizam um pouco quando fico sozinho. Eu sabia, na prática, que certos japoneses não têm nenhum compromisso com a verdade, e que mentem descaradamente na sua cara sem demonstrar emoção alguma. Um blefe! Eu sabia, mas não imaginava que iria tão longe! Eles são capazes de tudo para defender seus interesses. Com relação à justiça, descubro que a atração do sistema judiciário pela mentira é assustadora.

Digo que conheço os japoneses, mas ao mesmo tempo nunca tive a ilusão de conhecer a fundo o Japão. As pessoas com quem trabalho há muito tempo são sempre cercadas de algum mistério — ao qual desisti de ter acesso — simplesmente porque não sou japonês. Em virtude da experiência de vida e da educação, a maneira de pensar deles é muito diferente da minha.

Sou cristão e fui educado entre jesuítas. Desde a infância, minha visão da existência é marcada pelo fato de dois mundos coexistirem: o material e o espiritual. O que se vê e o que não se vê. Para os japoneses, que não seguem propriamente uma religião, mas sobretudo filosofias como o xintoísmo ou o budismo, só existe o mundo visível. O que existe é aquilo que se vê. É evidente que, se reduzimos o mundo ao que vemos, nossa maneira de avaliar as coisas, nossos valores e nossas prioridades são muito diferentes daquelas de alguém que crê na existência de "outro mundo" e de "outra coisa".

Mas o Japão se abriu para o mundo faz pouco tempo. Ser um arquipélago lhes atribui uma mentalidade particular em relação ao continente. Por exemplo, os insulares têm tendência a se colocar em posição de defesa frente aos estrangeiros. Sejam quais forem as ilhas, o que existe são elas e o restante do mundo...

Carlos

Domingo, 25 de novembro

Hoje é domingo.

Hoje, pela primeira vez em muitos anos, não poderei falar com meus filhos.

O telefonema do domingo à noite, um ritual entre nós, afetuoso e alegre, recarregava minhas energias para enfrentar a semana seguinte.

Caroline, Nadine, Maya, Anthony, penso em vocês.

E sei que vocês pensam em mim.

*
* *

É estranho que, desde que estou trancado aqui, tenho a impressão de ser um morto que flutua sobre tudo o que me cerca, um ser apagado, mas ainda consciente.

*
* *

Três vezes por semana, encontro meus advogados, com quem organizo minha defesa. A direção da prisão me permitiu usar uma caneta e papel, mas eles me são retirados todas as noites. Sabendo que as anotações que fiz durante as minhas entrevistas com meus advogados serão lidas pelo procurador e seus asseclas, é difícil para mim organizar minha defesa de forma articulada. Tudo é pensado para impedir minha reflexão e concentração.

Em Kosuge, todos os dias são iguais, exceto quando chegam visitantes. Mas, da noite de sexta-feira até a manhã de segunda, o tempo parece se arrastar, porque não há visitas, nem reunião com advogados, nem correspondência. Nada acontece. Nos fins de semana, não saio da cela. Entretanto, podem acontecer interrogatórios "de surpresa" no sábado à noite, para reafirmar que estou à disposição do procurador.

Há alguns dias, o tom dos interrogatórios mudou. Seki fica repetindo:

— É melhor confessar, sr. Ghosn. Isso vai aliviá-lo. Se o senhor não diz nada, seremos obrigados a procurar em todos os lugares, vamos atrás de sua esposa, seus filhos, suas irmãs, e acabaremos encontrando. Sempre encontramos. Temos todo o tempo que quisermos...

Eu olho para ele, quieto, estupefato com a sua perversidade. Às vezes, sua crueldade vai ainda mais longe.

— O senhor se dá conta do que está fazendo com a sua família? Ao se recusar a reconhecer os fatos, o senhor vai tornar a vida deles impossível!

Ouço em silêncio, para que responder? Esse tipo de chantagem que envolve minha mulher, meus filhos e minhas irmãs sempre acontece, sobretudo nas últimas sessões. O tempo é a arma preferida da polícia japonesa, que esgota os suspeitos e acaba vencendo pelo cansaço. Tendo entendido que a minha família é o meu calcanhar de Aquiles, Seki tenta me culpabilizar e quebrar minhas resistências. Mas ele não me impressiona. Ele não sabe que minha família também é a fonte da minha força.

Percebo que o procurador está em uma situação muito difícil: se eu não confesso, se não assino a confissão que tanto deseja, ele corre o risco de ficar desmoralizado, de ser acusado por ter me prendido sem razão, e isso, no Japão, não é aceitável! Portanto, ele se desespera!

Todos os interrogatórios foram gravados. Quando, mais tarde, a imprensa solicitou essas gravações ao procurador, a justiça recusou, argumentando que elas continham informações muito "confidenciais". Acho que, na verdade, eles não tinham vontade de mostrar seus métodos para o mundo.

Como desconheço o sistema judiciário japonês, descubro com espanto que aqui não existe a presunção de inocência, esse princípio absolutamente essencial do nosso procedimento penal. Agora que fui preso, cabe a mim produzir as provas da minha inocência! Enquanto isso, tentam me fazer confessar o que não fiz, e esses homens podem usar todas as baixezas morais e físicas para que eu fale. Para os procuradores, sou apenas um pequeno pedaço de carne na sua máquina de moer, que funciona quase sempre: em 99,4% dos casos, o suspeito é declarado culpado! Eles não querem que eu atrapalhe o funcionamento dessa máquina! Ainda mais eu, o estrangeiro, o *gaijin*, como os japoneses chamam os que vêm de outros países, o único líder estrangeiro, no Japão, de uma empresa situada entre as quarenta mais bem cotadas na Bolsa de Valores da França. Eu, o privilegiado.

Seki conduziu todos os interrogatórios até a minha primeira soltura. Quando voltei para um segundo período de detenção, fui submetido às questões de outro procurador, mas, como eu me recusava a falar, eles chamaram Seki novamente. Eu não disse nada mais a ele. Quando compreendi que as minhas explicações não lhe interessavam, que seu objetivo não era saber a verdade, mas, sim, me fazer falar para tornar sua acusação o mais sólida possível, saí do jogo. Do jogo deles. O da pressão, da intimidação, da destruição.

*
* *

Aproveitando a reunião do G-20 que acontece em Buenos Aires no fim de novembro de 2018, Emmanuel Macron programou falar sobre o meu caso com o primeiro-ministro japonês Shinzo Abe. Espero muito dessa conversa, porque será a primeira vez que os dois vão se encontrar desde a minha prisão. Mas o resultado é apenas uma curta declaração do presidente francês, que denuncia, no que me diz respeito, "uma prisão preventiva muito longa e condições de detenção muito duras". É tudo. Ele não foi mais longe do que isso. Shinzo Abe teria se recusado a falar mais, justificando que seu governo não interfere nas questões judiciais. A eterna independência da justiça, que é sempre usada de todas as formas possíveis e que, no Japão, é apenas mais uma mentira.

Quanto aos dirigentes da Renault, constato que eles me abandonam à minha triste sorte sem consideração pela presunção de inocência. Serão eles cúmplices? Até que ponto estão envolvidos? Não tenho resposta para essas questões, mas não descansarei enquanto não as tiver. Quem? Por quê? Como?

Imagino que foi apresentado o caso consumado ao conselho administrativo da Renault e que seus membros reagiram com a maior covardia, sem visão e sem força. Os japoneses desprezam pessoas fracas, isso é cultural. Eles devem ter ficado felizes, e sobretudo muito surpresos, de ver a França me abandonar desse jeito. Não tenho certeza se a imagem do meu país aos olhos deles cresceu... Talvez esperassem um pouco mais de resistência, e até ter que lutar. Na verdade, estavam preparados para isso. A prova é a contratação, pelos responsáveis da Nissan, na França, de três agências de comunicação destinadas a arruinar minha reputação! Eles devem ter ficado estupefatos de a Renault ter facilitado tanto. A pouca insistência da parte de Emmanuel Macron para me tirar de lá e o abandono da Renault, ativamente apoiado pelo Estado, abriram para a Nissan uma via livre para acabar comigo. "Pobre do homem só, pois, quando ele cair, não haverá ninguém para levantá-lo." É uma citação da Bíblia que me persegue.

Sei bem que não sou um chefe como os outros. Nem melhor nem pior, mas em uma categoria "diferente", sem dúvida. Pela história da minha família e a minha própria trajetória, faço parte de três países muito diferentes entre si — Brasil, França e Líbano — e falo seus idiomas, assim como muitos outros (daí a importância que atribuo à diversidade cultural na organização da empresa e na vida em geral); dirijo simultaneamente duas multinacionais como a Renault e a Nissan em dois continentes, com sucursais em muitos países; e também sou o único estrangeiro a ter dirigido com sucesso uma operação de grande envergadura no Japão e ter corrigido uma situação considerada absolutamente desesperadora.

Eu sabia que a minha singularidade atiçava certa curiosidade, e, de fato, esse interesse abriu muitas portas para mim. Lembro-me, por exemplo, de que o presidente Putin perguntava como eu tinha conseguido me impor no Japão, um país tão tradicional e conservador quanto à organização e ao funcionamento das suas empresas. Em 2007, quando cogitou vender 25% do capital da AvtoVAZ, o maior fabricante russo de automóveis, Putin me disse:

— Nós os escolhemos não porque vocês têm um projeto industrial melhor que o da General Motors ou o da Fiat, mas porque respeitaram a identidade japonesa da Nissan e nós queremos que façam o mesmo com a identidade russa.

Essa minha posição "diferente" despertou fascínio, mas também rejeições e suspeitas. Não sou formado em uma universidade francesa de elite, não passei pelos gabinetes ministeriais, não tenho as relações costumeiras da classe dos patrões franceses, não pertenço ao establishment, não sou afiliado a nenhum partido político. Aliás, evito políticos. Na França, eu era criticado por isso, o que às vezes me incomodava. Para entrar nesse mundo teria sido necessário que eu me ajustasse a um modelo no qual se praticam as meias-palavras, a encenação, em que os industriais não dizem o que pensam para não incomodar os políticos... Para mim, isso é impensável.

Um jornalista escreveu que nesse país eu era um patrão admirado, mas não amado. Pobre do homem só...

Carole

Recebo as primeiras notícias de Carlos por meio de uma de suas funcionárias na Renault. Ela me liga e confirma que ele foi preso. "Carole, ele já tem advogados", acrescenta. O tom é frio, sem grande empatia. Ela só me conta que Laurent Pic o visitou e que Carlos teria se queixado de frio dentro da cela. Esse simples detalhe também gela meu sangue. Não sei como é o lugar onde ele está preso, mas posso imaginar um cômodo meio vazio, sem calefação, em pleno inverno. E sofro por imaginá-lo tremendo entre quatro paredes, sem que eu possa fazer nada.

Além disso, no início, ninguém sabe me explicar o funcionamento do sistema judiciário japonês, a duração da prisão temporária. Nem nossos advogados norte-americanos entendem. Do lugar onde estou, tudo me parece confuso, preocupante, ameaçador.

Meus amigos se alternam para me acompanhar nessa espera insuportável. Eles também estão em choque e muito envolvidos emocionalmente, como se as vítimas fossem o próprio marido, o irmão, o pai. É como se cada um deles assumisse uma parte da minha dor para aliviar meu sofrimento.

Entretanto, da parte da Renault ou da Nissan, nada. Nem um mísero telefonema. Nenhum suporte. Eles, que demonstravam uma admiração sem limites por Carlos — às vezes até de forma meio exagerada —, não fazem nada. Após a prisão do meu marido, essa indiferença geral quanto ao destino dele foi um segundo choque. Eu imaginava a dureza do mundo dos negócios, mas agora descubro sua falta de humanidade.

No início de dezembro, fui autorizada a me corresponder com Carlos. A partir desse dia e durante todos os períodos em que ficamos separados eu escrevia para ele toda noite, antes de dormir.

Eu escrevo a mão, imaginando que Carlos ficará feliz em ver minha letra, depois digitalizo a carta para o embaixador da França ou do Líbano, que vão visitá-lo. A diferença de fuso horário permite que eles recebam a carta antes de chegarem a Kosuge. Eles devem entregá-la aos guardas japoneses antes de mostrá-la a Carlos. Mostrar, e não entregar, pois meu marido não tem o direito de segurá-la nas mãos: o embaixador que leva minha carta precisa colá-la contra a parede de vidro que o separa de Carlos. É assim que ele tem contato com a correspondência.

6 de dezembro de 2018

Hayate [minha vida],

Como você está? Espero que esteja se mantendo forte e que não tenha passado muito frio.

No Líbano, há outdoors por todos os lados com a sua foto e o texto "Somos todos Carlos Ghosn".

Foi Dany, irmão da minha amiga Anita, quem teve a ideia e bancou do próprio bolso. Às vezes as pessoas nos surpreendem! Ele tem estado ao nosso lado desde o primeiro minuto, assim como muitas outras pessoas. Isso me emociona...

Também vi um pôster que mencionava você: "Você é um ramo de cedro-do-líbano e estamos com você." Adorei essa frase!

Você se lembra daquela história real que lemos no Los Angeles Times *na época do tsunami de 2011? Quando a enorme onda se aproximou, dois cães da raça Dachshund fugiram. Um se chamava Carlos e o outro, Ghosn. Os donos ficaram muito tristes. Alguns dias depois, Carlos voltou para casa. Semanas depois, Ghosn foi encontrado. Dizem que ele sobreviveu à onda surfando sobre uma prancha de madeira! Um milagre!*

É como você, meu amor. Você vai lutar e vai sobreviver.

Sinto sua falta. Amo você.

Quero que saiba que você é o homem da minha vida.

Amo as pequenas mensagens que você me manda. Elas são a razão do meu dia.

Amo você,

Carole

Embora esteja torturada pela ausência dele, tento escrever apenas coisas positivas. Disfarço meu sofrimento, meu medo de que ele seja mantido muito tempo longe de mim. Dou notícias de casa, das crianças, dos amigos... Atenta às palavras que uso, não quero dizer nada que incomode as autoridades japonesas e o prejudique. Então, escrevo que o amo, que sinto saudades, que vai ficar tudo bem, que eu nunca vou deixá-lo e que, aconteça o que for, estarei ao lado dele. E, principalmente, escrevo que ele me fortalece e espero que eu também o fortaleça, para que ele aguente firme.

Algumas noites são mais difíceis que outras. Às vezes, à minha revelia, as lágrimas escorrem e mancham a folha de papel, mas eu me esforço para encontrar palavras motivadoras. Sei que elas vão ajudá-lo a terminar bem o dia, que a força do nosso amor o conduzirá. Nós sempre fomos inseparáveis — e temos que enfrentar essa provação juntos, mesmo estando tão distantes um do outro. Eu preciso dele, ele precisa de mim. Se um desmorona, leva o outro junto. Escrevo e repito essas palavras como mantras. A dois seremos mais fortes, lutaremos de mãos dadas, ele sairá da prisão e nos reencontraremos para seguirmos juntos nossa vida feliz, como sempre foi. Não imagino nada diferente disso.

Em meados de dezembro, fico sabendo que a empresa Renault avalia possíveis sucessores para Carlos. Apenas um mês após sua prisão, eles já viraram as costas para ele! Se abandonarem meu marido, os japoneses vão vencer. Fico desesperada.

Certa manhã, um homem me liga e se apresenta como advogado da famosa ONG Human Rights Watch. Eu já o vi uma vez e o conheço.

— Quero ajudar — diz.

Nesse período, os advogados japoneses de Carlos me orientaram expressamente a não dar nenhuma entrevista à imprensa, a ficar quieta, a esperar sem fazer nada.

— Você precisa respeitar nossa estratégia de trabalho. Se tentar qualquer coisa, se falar com jornalistas, seu marido não será solto! Essa proibição vale também para seus filhos e seus parentes.

Entendo que eles não queiram ser contornados, mas, de sua parte, os advogados da Nissan atacam Carlos em todos os sentidos: sobre seu gerenciamento da Aliança, seu estilo de vida e até seu caráter, acusando-o de todos os males. E tenho que aceitar tudo em silêncio e de cabeça baixa?

Explico a situação ao advogado de direitos humanos, que me diz que podemos enfrentar a justiça japonesa por meio de sua ONG. Decido encontrá-lo para pensarmos juntos na melhor maneira de defender meu marido sem agravar seu caso. Por sorte, nesse momento, o advogado está em Beirute. Ele me explica que pode me colocar em contato com sua organização, mas que minha iniciativa pode ser ignorada.

— Seu marido é rico, poderoso. Não é o perfil das pessoas que costumamos ajudar...

— Mas ele está sendo acusado injustamente! — gritei. — Ele não fez nada! Tenho certeza de que, nos Estados Unidos, ainda que fosse culpado, ele não passaria nem um dia preso! E ele não é culpado, sei disso! Então, por que está sendo tratado assim?

O advogado não está surpreso. Ele conhece bem os sistemas judiciário e carcerário do Japão, cuja crueldade com outros detentos ele denuncia, e entendo que, ao mencionar o tratamento do meu marido, "que o enoja", como ele diz, é toda uma organização que ele quer denunciar.

Pouco depois, consigo encontrar Kenneth Roth, presidente da Human Rights Watch, que aceita cuidar do caso de Carlos. Fico feliz pois finalmente poderemos ajudá-lo de forma ativa e eficaz!

Carlos

Dezembro de 2018

Tenho a impressão de estar ficando acinzentado em função do ar confinado da prisão. Tudo aqui é tão regulado, burocrático, hierarquizado. Fazem de tudo para me infantilizar, para eu me sentir "algo" entre o ser humano, o animal e o objeto. Minhas preocupações e meus desejos não têm importância, e sou suspeito de tudo.

Não compreendo por que os prisioneiros são obrigados a se desfazer de seus relógios, a menos que seja para desestabilizá-los um pouco mais. Sinto muita falta do meu, como se, apesar do pouco controle que tenho sobre o tempo, necessitasse da sua articulação. Cada vez que recebo uma visita dos meus advogados, peço a eles que me digam as horas do nascer e do pôr do sol, o que me serve de referência de manhã e à noite, quando a luz evolui no vidro fosco da minha janela. Minhas outras "marcas" temporais são a distribuição das refeições, mas os horários podem variar de acordo com os imprevistos na prisão, não se tem certeza de nada.

Em Kosuge, todos estão informados da minha presença. Os guardas sabem que fui presidente da Nissan. Eles me conhecem, porque fui muito popular no país durante anos. Alguns me olham com certo respeito manchado de animosidade, de amizade ou de indiferença. Nada muito demonstrativo. De qualquer maneira, cada um fica em seu lugar com uma atitude fria.

Quanto a mim, tento ser educado, nunca me queixar e ser o mais discreto possível. Sabendo que cada fato e cada gesto serão relatados à hierarquia, não quero dar aos procuradores nenhum sinal sobre o meu estado físico ou psicológico, que poderia lhes servir de arma contra mim.

O mais difícil, aqui, é não ter nenhum contato humano. Na hora das refeições percebo o guarda que passa a minha bandeja por um pequeno vidro ao lado da porta de metal. Duas vezes por dia, alguém passa e distribui água quente para o meu café solúvel. Tudo sem um olhar, sem uma palavra.

Ainda assim, gosto que o guarda que me vigia e seus dois chefes acompanhem o intérprete quando este vem me ver. Vejo como uma atitude de respeito a mim, mesmo que seja apenas uma preocupação com o trabalho bem-feito. Eles querem saber o que acho do funcionamento da rotina a que eu sou submetido aqui. Quando minhas demandas ultrapassam o regulamento estrito da prisão (mas de maneira justificada), eles não me respondem "não" imediatamente: tomam nota e voltam mais tarde com a resposta. Um exemplo: quando minha família conseguiu a autorização para me visitar, vindo de muito longe, pedi que pudéssemos nos ver durante meia hora, e não os quinze minutos diários autorizados. Eles concordaram, "de modo excepcional". Mas, quando pedi para tomar mais de dois banhos por semana, recebi uma negativa imediata, em razão de pretensas economias de água e energia.

Saio ao ar livre durante meia hora todo dia, na cobertura onde foram instalados pequenos espaços individuais cercados de grades. Mesmo atrás delas, é bom ver a luz do dia, o céu, as nuvens que passam, um avião. Aquilo provoca um pensamento agradável. Um sonho, às vezes...

Quando saio da cela, os guardas se organizam para que eu não encontre com outros prisioneiros. Dessa forma, nunca vejo meus companheiros de infortúnio. Às vezes, durante a noite, escuto gritos de raiva, ou as queixas de alguém que não aguenta mais. Depois, recaímos no silêncio. Só os passos dos guardas que deslizam sobre o linóleo encerado e o barulho das chaves nas fechaduras dão o ritmo das horas que parecem não avançar nunca.

Aos sábados e domingos, ouço às vezes o som distante de um rádio ou de um televisor, interrompido por exclamações. São os vigias que acompanham a transmissão de uma partida de futebol na sala dos guardas. Essa minúscula manifestação de vida me reaquece o corpo e o espírito. Fora isso, tudo é calmo e silencioso como um cemitério, com alguma coisa pesada e surda no ar. Um antigo prisioneiro que esteve em Kosuge dizia ter a impressão de estar em um submarino. E é assim mesmo.

Ao descrever a cela, esqueci de falar do "travesseiro" que me deram para dormir. É um pequeno bloco retangular, duro como se fosse feito de madeira. Os japoneses talvez estejam acostumados com isso, mas, para um ocidental, é um verdadeiro instrumento de tortura, e os travesseiros pessoais são proibidos. Depois de algumas noites, a dor na cervical se torna insuportável. Acabei sacrificando um dos cobertores para improvisar um travesseiro mais fofo. Fico com frio, mas não tenho outra saída.

Entre dois interrogatórios e duas reuniões com os advogados ou os embaixadores, faço uma sesta. O sono é para mim um tempo de evasão, de soltura, de liberdade. É o meu momento de fuga. De quando não aguento mais as sessões desgastantes com o procurador, as acusações que se acumulam, todos os horrores que me jogam na cara ou esse horizonte que recusa a se iluminar.

Como no dia 10 de dezembro de 2018: quando meu caso começa a ser examinado, a procuradoria de Tóquio me mantém preso por fatos análogos. Ela me tem como suspeito de ter escondido das autoridades japonesas as rendas não declaradas que eu deveria ter recebido quando me aposentei, mas, dessa vez, referente ao período entre 2015 e 2017.

Uma nova acusação que prejudica seriamente o pedido de saída para o Natal feito pelos meus advogados...

Três dias depois, 13 de dezembro, sou informado de que "apesar de algumas reticências" confirmaram minha posição de presidente e diretor-geral da Renault, sendo que "o Estado estuda a possibilidade de me substituir". Meu futuro depende disso. Prevejo que vão me afastar sem nem ouvir a minha versão dos fatos, sem que haja diálogo. "O Estado estuda...", diz o comunicado publicado na imprensa. Ele detém 15% das ações da Renault. Mesmo cabendo ao conselho administrativo decidir quanto ao meu futuro na empresa, imagino que neste período de crise ele terá um peso ainda maior do que o usual.

Não posso esperar nenhuma amabilidade da parte do Estado. Sei que, com a minha detenção, minha ausência criará um problema de direção na Renault. A solução é clara: vão me substituir.

Não estou chocado, compreendi que ninguém me daria apoio. Constato apenas que os japoneses ganharam e que o combate vai terminar por falta de combatentes. Na verdade, nem houve combate.

Em meados de dezembro, sou tomado por uma imensa fraqueza. Desde a manhã, me sinto extenuado e febril. Já perdi muito peso, quase dez quilos, e também a musculatura, por falta de proteínas (quase nunca como carne aqui). Suponho que o estresse, a tensão, o cansaço dos interrogatórios e a falta de vitaminas sejam responsáveis pelo meu mal-estar. Em 48 horas, todo o meu organismo desaba. Numa manhã, não tenho mais forças para me levantar.

Diante de um súbito aumento da febre, a direção da prisão demonstra preocupação. Não que ela sinta qualquer simpatia, mas suponho que cairia muito mal se eu morresse aqui, depois de apenas um mês de detenção! A sua prisão-modelo, as refeições "preparadas por nutricionistas", como não se cansam de dizer a quem quiser escutar, e o excelente tratamento que ela dispensa aos detentos correriam o risco de serem criticados!

Desse modo, sou transferido para uma cela na enfermaria. Um médico de plantão me ausculta sem me dirigir o olhar. Atrás da sua máscara cirúrgica, seus olhos me evitam, passam da direita para a esquerda... Ele cuida de mim porque é obrigado a fazê-lo, mas faz questão de deixar claro o absoluto desprezo que sente. É a única vez na administração da prisão que senti que alguém me detestava de verdade!

Na enfermaria, a cela é um pouco maior, com uns doze metros quadrados. Ela é mais clara e o mobiliário é diferente: uma cama de estilo ocidental e uma mesa alta para que se possa comer sentado em uma cadeira. Não é grande coisa, mas fico contente de não dormir mais no chão, sobre o tatame. E a cela também é um pouco mais aquecida — durante a noite, por causa da falta de ventilação, a água escorre sem parar pelas paredes perto da minha cama e molha meu lençol. Às vezes, seco como posso com uma toalha, esperando que alguém venha passar um pano de chão na manhã seguinte. Autorizaram-me a ter algumas roupas e livros. O resto é igual: vaso sanitário aberto, apenas água fria — em dezembro é gelada —, vidro fosco, luz fluorescente acesa permanentemente. O cardápio das refeições é sempre o mesmo: sopa, arroz ou cevada, legumes cozidos na água, um pedaço de alguma coisa que parece ser carne ou peixe (que não reconheço, mas cujo forte odor permanece na cela a tarde toda). Na enfermaria, como nas celas, não se distribuem produtos frescos: aqui, não sei por quê, as frutas são cristalizadas ou em forma de geleia.

Outro médico, menos antipático que seu colega, parece se preocupar um pouco mais com a minha saúde. Depois de vários dias de febre sem explicação, acabei tomando antibióticos e analgésicos. Até esse momento, a direção tinha se recusado a me dar qualquer medicamento, inclusive os que tomo há anos para o colesterol alto e uma insuficiência renal crônica. Não querem me dar os remédios porque são produtos franceses. Eles me oferecem remédios japoneses, mas os recuso por não saber o que contêm. Muitos dias passarão até que a febre desapareça e eu recupere as forças. Nunca soube o que de fato me aconteceu.

A única vantagem que tirei dessa triste situação foi que não voltei para a cela. Na enfermaria, também não existe espelho. Muito prático para fazer a barba! Deram-me um pequeno barbeador elétrico ineficaz para barbas cerradas como a minha.

— Não posso encontrar o juiz com a barba por fazer! — reclamei com o guarda.

Uma queixa aparentemente aceitável, já que, a partir daí, depois do banho, nas terças e sextas-feiras pela manhã, um guarda me traz espuma de barbear e um aparelho com lâmina — que ele pega de volta assim que termino. Faço tudo praticamente às cegas. No lugar de um espelho, me deram uma pequena placa de aço inoxidável na qual vejo meu reflexo desfocado e deformado.

Ao longo das semanas, me dou conta de que todos os momentos em que eu poderia desfrutar algum relaxamento, como, por exemplo, durante o banho, são perturbados por detalhes que me complicam a vida. Posso tomar banho, mas, para me enxugar, as toalhas são tão pequenas e finas (para evitar o suicídio por enforcamento) que sou obrigado a me vestir ainda molhado. Posso me barbear, mas sem ver o que estou fazendo. Deveria ficar contente de comer, mas as refeições são tão insípidas que não tiro delas qualquer satisfação. Por sorte, sou autorizado a comprar no mercadinho da prisão, que não oferece grande variedade de produtos, um pouco de atum ou sardinhas em lata, algumas laranjas, bananas, café solúvel e frutas em calda. Não se pode ter nada proveniente de fora do centro de detenção.

Tudo é ordenado.

Usando como pretexto a segurança e a igualdade de tratamento entre os prisioneiros, tudo é planejado para tornar sua vida a mais desagradável possível. O pior para a direção seria que alguém pudesse se sentir bem nessa prisão! O que asseguro ser impossível...

De vez em quando, alguém que não conheço dá uma olhada pelo vidro por onde me servem as refeições e depois vai embora. Imagino que são assistentes da direção que verificam o meu estado de saúde. Ou então guardas que passam por lá e querem ver como está o ser extraterrestre no qual me tornei e que é assunto em toda a imprensa!

Precisei me conformar com o fato de ser permanentemente vigiado. No banheiro ou no chuveiro, o guarda não desvia o olhar de mim. Não vou dizer que me acostumei. É que quando me compreendi como objeto de um complô e vi que o objetivo era acabar com minha resistência — no interior da prisão por meio de interrogatórios longos e, no exterior, devido a uma campanha de difamação —, ela começou a crescer.

Foi necessário um mês para que minha cabeça e meu corpo se recuperassem do enorme choque emocional que foi minha prisão e da brutalidade que se seguiu. Depois disso, minha força mental assumiu o controle. Já disse que não sou um homem que olha para trás. Em vez de ficar me perguntando sobre o que eu deveria ter visto, mas não vi, na atitude da Nissan, pergunto a mim mesmo como eu poderia sair desse buraco.

Apesar da pressão à qual estou submetido, e das condições de detenção que não favorecem um pensamento sereno e uma análise mais aprofundada das coisas, meus raciocínios chegam rapidamente a algumas certezas. O que eu perco em capacidade de reflexão, ganho em força de convicção. Quando se está cercado e sob tensão emocional, como é o meu caso, raciocina-se mais com a intuição do que com a inteligência. Não apenas meu cérebro, mas todo o meu ser e as minhas ideias estão se expandindo.

De uma coisa tenho certeza: não me entregarei e confessarei aos procuradores o que não fiz. Eles acham que sou um fracote? Então vão ver!

Ignoro o que pensam ao me tratar da forma como me tratam. Imagino que não esperavam que eu resistisse tanto. Eles devem ter pensado que Carlos Ghosn é um homem acostumado a ter uma vida fácil, em hotéis de cinco estrelas, restaurantes... Com duas semanas seguindo nossas regras, ele assinará tudo o que quisermos e poderemos nos livrar dele. Deve ter sido isso o que pensaram. Eles se enganaram em um ponto: com as regras deles, realmente adoeci e fiquei fragilizado. Mas não cedi em nenhum momento.

Acho que, durante os inúmeros interrogatórios, esses mesmos procuradores já tinham visto homens fortes e aguerridos se submeterem à vontade deles. Sem dúvida, acreditavam que comigo seria igual...

Conheço minha capacidade de resistência. Antes de ser preso, meu estilo de vida não era dos mais fáceis. Eu tinha um ritmo de trabalho muito intenso, com muita pontualidade e uma organização extremamente rigorosa. Presidente de duas multinacionais, uma baseada na França e outra no Japão, eu passava muito tempo em aviões, sofrendo com os fusos horários, aos quais nunca nos acostumamos. Na verdade, minhas noites eram frequentemente agitadas e meu sono, perturbado.

Sem falar nas muitas viagens à Índia, à China, aos Estados Unidos, ao Brasil... Mantive esse ritmo durante quase vinte anos. Devo ter uma boa imunidade, já que, durante esse tempo, nunca fiquei doente. Nem um dia de licença médica! A única vez que perdi uma reunião de acionistas da Nissan foi quando estive no Brasil para o enterro do meu pai.

Como já disse, não é possível fazer esse trabalho sem uma disciplina estrita: não bebo, não fumo, pratico esportes e cuido da minha alimentação. Não tinha outro jeito. Sem tal rigor, eu nunca teria conseguido fazer o que faço. Os médicos sempre me disseram que eu tinha um ótimo histórico familiar no que diz respeito à saúde, mas que não deveria abusar. Vinte anos nesse ritmo já é muito, eles me alertaram.

Quanto à resistência moral, também me conheço bem. Não se pode liderar uma empresa se cada decisão difícil nos derruba. Do ponto de vista humano, houve algumas sábias e, ao mesmo tempo, dolorosas. Não se atravessam tantos anos sem momentos de fraqueza ou de dúvida. Mas nunca, até hoje, me encontrei na situação de ser alvo de tal operação de demolição: maltratado, humilhado, traído, insultado, rejeitado por pessoas muito próximas e cuja carreira eu fui o responsável!

Depois de quinze dias de detenção, me autorizaram a receber correspondências. Os advogados recebem as cartas das minhas irmãs no Brasil, da Carole e dos meus filhos, mostram à direção da prisão e, se não há oposição, leem para mim ou me mostram do outro lado do vidro.

A leitura dessas cartas me alegra e me entristece ao mesmo tempo. Percebo a incerteza na qual se encontram as pessoas que amo. Eu já desconfiava, é claro, mas outra coisa é saber. Às vezes, numa carta escaneada, eu percebo o vestígio de uma lágrima... E me digo que, mesmo estando livres, não deve ser fácil para eles viver na angústia de não saber se alguma coisa grave está acontecendo comigo. Ou que eu não saia mais daqui.

Todos, em suas palavras, seus pensamentos, suas narrativas do cotidiano que põem no papel, tentam ser positivos e esconder de mim, na medida do possível, quanto sofrem. No fundo do buraco onde me encontro, meu equilíbrio depende de tudo que me contam. Eles sabem. Suas cartas são, antes de mais nada, mensagens de encorajamento, de esperança e de amor.

Sei que tudo é um pouco falseado nessa correspondência, mas aceito jogar o jogo. Nem eu mesmo falo de todo o meu sofrimento para não agravar o desespero deles.

Apesar de tudo, a angústia transparece às vezes nas cartas de Caroline, Nadine, Maya e Anthony, meus filhos. Compreendo que seja difícil para eles dissimular o medo. Acho até que estão se sentindo um pouco perdidos. Eu era o escudo deles, a âncora, e de repente sou eu que preciso deles — o que eu sempre quis evitar —, e na situação mais lamentável, já que não tenho mais nada. Fiquei dependente de tudo e de todos.

Eu sabia que Anthony escrevia bem, mas devo dizer que durante a minha detenção suas cartas me surpreenderam pela intensidade e ternura. Ele é o meu filho mais novo, e nossas relações foram sempre muito afetuosas. Mesmo que, entre homens, e principalmente entre pai e filho, haja algum pudor e comedimento. Não passamos nosso tempo dizendo que nos amamos, os sentimentos se exprimem, sobretudo, por um gesto de atenção, olhares, sorrisos. Ele diz ter herdado meu amor pelo trabalho bem-feito, o rigor, a disciplina... e a impaciência! Um traço de caráter considerado por muitos um defeito. Mas não para nós, que o consideramos uma qualidade quando aliado à perspicácia.

Nos dias que se seguiram à minha prisão, Anthony se mobilizou. Ele, que em geral é reservado e discreto, lutou como um leão para me ajudar. Não imaginava que ele fosse um guerreiro tão maduro. Durante todo esse período, sua devoção e seu engajamento foram excepcionais.

Na primeira semana, ele praticamente não dormiu. Não comia, perdeu peso. Lançou-se como uma "máquina de guerra" contra toda a injustiça que eu sofria.

"Eu queria mostrar que você podia contar comigo", disse ele mais tarde.

No começo, ele achou — todos achamos — tratar-se de um mal-entendido e que era necessário agir para me tirar da prisão o mais rápido possível. Em menos de 24 horas, ele foi de São Francisco, onde vive, até Paris, para tentar entender o que estava acontecendo.

Aos 23 anos, Anthony já dirige uma empresa com dezenas de funcionários no Vale do Silício. É um adulto responsável, mas, na sede da Renault, teve a impressão de ter sido recebido como se fosse uma criança, "o filhote" que pretende vestir uma roupa grande demais para ele. "Não me levaram a sério... Foi humilhante", contou ele. É claro que transmitiram a ele o mesmo discurso tranquilizador de que "estamos fazendo todo o possível", acrescentando que ele não deveria falar com a imprensa.

Anthony não disse nada, mas em 24 horas, a partir de Paris, ele constituiu uma pequena equipe composta de advogados, jornalistas e conselheiros que conhecem bem o Japão para tentar contra-atacar. Confiante em sua nova estrutura, ele voltou à sede da Renault para mostrar que não desistiria de nada e era necessário que ele participasse de todo o processo.

Nicolas Sarkozy, então presidente da França, a quem ele pediu um encontro, o recebeu e o encaminhou a Bruno Le Maire. Ao sair da audiência com o ministro da Economia e Finanças, Anthony reencontrou o presidente. E disse a ele que teve a sensação de ter sido considerado alguém... sem importância.

Os procuradores japoneses não hesitaram em divulgar para a imprensa notícias falsas sobre ele, o que semeou dúvidas sobre a sua integridade. Causou problemas em seus negócios. Os jornalistas japoneses são também muito agressivos: eles acampam diante da sua residência e do seu escritório, o fotografam sem permissão, filmam e interrogam seus empregados...

"Descobri quanto a imprensa pode ser desonesta. Eu nunca tinha imaginado que isso fosse possível. Agora, eu a leio de outra maneira", escreve ele.

Toda essa história me entristece e preocupa muito, porque Anthony corre perigo por minha causa. Constato que os procuradores japoneses puseram em prática suas ameaças: como eu me recuso a confessar, eles atacam minha família. Apenas para me fragilizar um pouco mais.

*
* *

Meus advogados estavam muito confiantes a respeito do pedido de liberação sem fiança que fizeram ao tribunal pouco antes do Natal. Talvez tivessem razão para isso, porque esse mesmo tribunal e a corte suprema de Tóquio se opuseram à minha permanência em prisão preventiva depois do dia 21 de dezembro. Mas, com a justiça japonesa, nunca se deve cantar vitória antes do tempo...

No dia 21 de dezembro, a procuradoria me prende pela terceira vez porque, em 2008, eu teria feito a Nissan cobrir "perdas contábeis" (sem desembolso de dinheiro) ocasionadas por investimentos pessoais no valor de 15 milhões de euros. E vira uma bola de neve: em 22 de dezembro, a Nissan me suspende das minhas funções, seguida da Mitsubishi no dia 26.

Portanto, não sairei no Natal. Os procuradores ganharam mais uma vez. Deus sabe que não confio nem um pouco neles, mas neste caso eu tinha certeza de que ia dar certo! O golpe foi duro, mas o que me dói mais é imaginar a decepção de Carole e nossos filhos, que pensavam que passaríamos as festas todos juntos. Eu fico imaginando como ela vai se sentir ao receber o telefonema do embaixador da França ou de um dos advogados com a má notícia. Imagino o seu desespero, e fico com raiva de mim mesmo por fazer com que ela tenha que suportar mais esse sofrimento...

Desde que a conheci, não passávamos um dia longe um do outro sem que trocássemos uma mensagem de bom-dia e uma palavra carinhosa. E, se a diferença de fuso horário entre nós fosse muito grande, dávamos um jeito de enviar a mensagem antes, para o outro a ver ao acordar. Essa pequena atenção, essa gentileza que se exprimia todos os dias, abria nosso dia *"en beauté"*, se posso me exprimir assim. Aqui não tenho nada disso, evidentemente, e sinto tanta falta dela.

Sinto-me amputado de tudo o que compõe minha humanidade.

27 de dezembro de 2018

À minha mulher adorada,

Morro de vontade de te ver, te beijar, te abraçar, meu amor.

Receio que na próxima semana não haverá visitas e não terei notícias suas.

O que me reconforta é o seu amor e que você esteja rodeada por sua família e seus amigos.

Eu amo você, Carole.

Penso em você a cada minuto, a cada hora. Você é a luz do meu coração. Seja forte!

Como você diz sempre, a luz está no fim do túnel.

Minha luz é você. Enfrentarei tudo por você.

Eu amo você para todo o sempre.

Carlos

Carole

Segundo os advogados japoneses, Carlos deveria sair da prisão no dia 21 de dezembro, quando termina sua prisão preventiva. Nessa época, eu ainda acreditava nas promessas dos procuradores e imaginava receber meu marido em nosso apartamento parisiense para comemorar o Natal com nossa família, nossos filhos. Enfim, reunidos! Essa perspectiva me encheu de alegria. O embaixador Pic já preparou toda a papelada de saída e a passagem de avião para a França.

No entanto, meia hora antes da libertação, fui informada pelo meu advogado que Carlos continuaria preso. O procurador tirou da cartola novas acusações, e ele ficaria preso por mais um mês.

A decepção me devasta.

Os japoneses não me inspiram confiança, mas eu tinha acreditado na promessa deles. Meu desejo de voltar a ver Carlos me cegou... Por que eles nos torturam a tal ponto? Se tivessem nos contado que a soltura era incerta, eu não teria criado tanta expectativa. Seria uma nova estratégia para enfraquecer Carlos e a nós, ao mesmo tempo? E, dentro de um mês, qual seria a nova desculpa que dariam para não libertá-lo?

Não consigo parar de me fazer perguntas que ficam sem resposta. Não entendo, não entendo... Essa frase martela minha cabeça até me aturdir. Decepcionada, revoltada, passo da tristeza à ira sem conseguir me acalmar. Imagino quanto Carlos deve estar arrasado.

Assim que recebeu a má notícia, Daniel me ligou de Nova York. São quatro horas da manhã em Beirute, eu ainda não dormi, e ele sabe disso. Ao telefone, ele tenta me animar do jeito que pode.

— ... em alguns dias, vou com Anthony, e vamos passar o Natal com você. Vai ficar tudo bem, mãe, vai ficar tudo bem.

Eu digo "Sim, sim, querido...". Agradeço, prometo ser forte. E, assim que ele desliga, a tristeza me consome.

Na madrugada do dia seguinte, um pequeno anjo entra no meu quarto e se acomoda lentamente na minha cama. É Tara, que já está em Beirute, na casa do pai dela, e vem me dar um abraço. Um agradável momento de alento...

Um pouco antes do Natal, fui com duas amigas ao norte do Líbano, à ermida de Annaya, para rezar a são Charbel, um monge eremita da Igreja maronita, canonizado por ter realizado milagres. Assim que me ajoelhei no interior do santuário, de frente para a estátua do monge, senti meu coração se esvaziar do peso da dor. Aqui é possível chorar sem se esconder. Em volta de mim, pessoas rezam com grande fervor e, no rosto delas, veem-se as marcas de uma dor infinita. Lanço longos olhares para cada uma delas. Um homem está prostrado como se seu corpo estivesse partido. Qual será sua história de vida? Por que ele está aqui? Nunca me senti tão próxima de pessoas desconhecidas e que se tornam, de imediato, meus irmãos e irmãs no sofrimento. Todos juntos: jovens e velhos, ricos e pobres, todos nós pertencentes à mesma família dos aflitos, dos desesperados.

Ainda sou proibida de entrar na casa rosa. Na primeira vez que voltei lá, os homens da Nissan me deixaram pegar algumas coisas, mas lembro que esqueci lá um par de tênis que eu adoraria usar. Pode parecer fútil, mas, quando sentimos que tudo nos abandona, prendemo-nos a qualquer coisa, inclusive um par de calçados que nos fazem sentir bem!

Então, vou para a casa, paro a alguns metros de distância, ligo para a funcionária que cuida da cozinha e da manutenção.

— Joy, por favor, você pode pegar meus tênis pretos e me entregá-los pela janela de trás? Lá não tem câmera. Jogue-os para mim, estou aqui embaixo!

O rosto de Joy aparece na parte de cima da casa e ela joga os tênis, dando um sorriso de lamento. Dou um sorriso de volta. É a isso que estamos reduzidas. Obrigada por tudo, Joy!

Acabo passando as festas de fim de ano na casa dos meus pais. Daniel, Anthony e Tara estão perto de mim e não consigo parar de abraçá-los. Meu irmão, Alain, e sua família também estão lá. Estamos felizes de estarmos reunidos e, ao mesmo tempo, muito tristes! Falta-me coragem para organizar as festividades, e ninguém tem ânimo para celebrar. Todos os nossos pensamentos são direcionados para Carlos, sozinho em sua cela, sem nenhuma visita durante todo o período de festas e nenhum tempo de lazer em "seu" terraço.

Meus filhos gostam muito de Carlos. Eles ainda eram jovens quando ele entrou em minha vida. Por ocasião do Natal, fizeram questão de escrever para ele uma mensagem bem pessoal. Eles se reuniram e assinaram esta carta maravilhosa, que, claro, me emocionou muito:

Querido Carlos,

Estamos pensando em você. Esperamos que esteja tudo bem e que você esteja se mantendo forte. Queremos desejar tudo de melhor. Mas, principalmente, queremos agradecer.

Mais do que nunca, entendemos o lugar que você ocupou na vida de nossa mãe. Sem você, fica evidente que falta uma parte dela mesma. Você é a pessoa que a torna graciosa, feliz, confiante e bela e, por isso, nós devemos tudo a você.

E, sobretudo, até o Líbano perdeu uma parte de si. Mais uma vez, agora mais do que nunca, entendemos que você é a joia do Líbano, que todos rezam por você e pensam em você, e que o país está unido em seu nome. Você é um homem respeitável e, por esse motivo, sabemos que sairá muito em breve, e por cima!

Receba nosso profundo amor e nossas preces. Sentimos muito a sua falta.

Com todo o nosso carinho,

Daniel, Anthony e Tara

Eles têm razão quando escrevem que os libaneses pensam em Carlos. Nas redes sociais, leio as palavras que o comitê de apoio a Carlos e todos que o acompanham escreveram em sua homenagem: "Rezamos por você, Carlos", "Pensamos em você...", "Que os anjos lhe protejam...". Essas mensagens são como um bálsamo em minhas chagas e me ajudam a aguentar firme! As lágrimas descem pelo meu rosto, mas não quero que meus filhos me vejam chorar. Então, esforço-me para sair do meu quarto, para falar, para sorrir, para estar presente pela minha família. Mas é difícil. Tudo me tortura.

Na noite de 24 de dezembro, quando todos estão dormindo, comunico-me com Carlos no papel.

Meu querido Carlos, como você está?

Nesta dolorosíssima véspera de Natal, meu coração está com você e estou rezando por você.

Acabei de chegar da capela de São Charbel para pedir a ele que lhe proteja e dê força e paciência.

Senti a paz me invadir e, por muitas razões, compreendi que você está protegido e que, de uma forma ou de outra, todos os nossos aborrecimentos serão varridos, e tudo se iluminará para você.

Um anjo vela por você, o mesmo anjo que nos reuniu.

Amo você, Carlos.

Você é meu eterno raio de sol e sinto muito a sua falta.

Carole

Carlos

Em Kosuge, o Natal é um dia como outro qualquer. É até pior, eu diria, porque entre o Natal e o ano-novo há menos pessoal e, em consequência, não recebemos visitas nem saímos ao ar livre. A única coisa que continua a funcionar e não afrouxa é a obstinação do procurador Seki! Os interrogatórios continuam, contra tudo e todos.

Passarei as festas na cela em companhia dos livros que recebi. Mergulhar na ficção dos outros será uma boa fuga. Quando se é submetido a uma prova como eu, tendemos a privilegiar o momento presente em vez de momentos vindouros. Vivi grande parte da minha vida em um desequilíbrio que eu poderia chamar de "desequilíbrio para a frente". O que quer dizer que no dia D eu pensava no dia D + 1 ou D + n, sem pensar muito no que estava acontecendo no próprio dia e menos ainda no que tinha acontecido antes. Mesmo consciente da minha mortalidade, eu me comportava e planejava minha vida como se o tempo fosse infinito e nada fosse me acontecer.

Agora, sem ter o controle sobre o que vai acontecer amanhã, vivo minuto a minuto. Compreendi que o amanhã pode não existir.

É um período muito sombrio, no qual a falta de esperança me torna apático. Estou no fundo do poço, não sei aonde vou, e descubro, como vítima, o que se chama de "justiça de refém" — esse sistema que permite à justiça japonesa deter um suspeito durante o tempo que quiser antes de um processo, sempre adiado, submetendo-o a interrogatórios sem a presença de um advogado, com o único propósito de fazê-lo confessar tudo do qual o acusam. Descubro um sistema judiciário que viola os direitos mais elementares dos acusados, mantendo-os presos até que confessem. Os japoneses fazem regras contra o direito e ninguém se incomoda! Nesses momentos de extrema solidão, penso nos que me amam, me apoiam, nas cartas de amigos (sei que existem porque Carole me conta sobre elas), e que são um bálsamo para as minhas feridas. Como Fouad, um amigo fiel que escreve esta mensagem a Carole, pedindo que ela a transmita para mim:

Querido Carlos,

Nosso caro modelo, nosso líder de negócios número 1 e meu amigo sincero.

Você atravessa uma das fases mais difíceis da sua vida, e a mais dolorosa das vésperas do Natal, sem dúvida. Quero apenas que você saiba que não está sozinho em sua cela fria de 6 metros quadrados, mas que nós somos milhões em pensamento, estamos com você com todo nosso coração.

Não esquecerei nunca a vez em que você me disse: "O que não o mata o fortalece."

Estamos confiantes: você superará este último desafio e se levantará mais forte muito em breve.

Nós estamos e continuaremos sempre a seu lado.

Fouad

E depois Carole, sempre, cujas cartas volto a receber nos primeiros dias do novo ano:

27 de dezembro de 2018

Meu muito querido Carlos,

Você é a vida do meu coração e me faz tanta falta que chega a doer.

Espero que esteja bem, eu me preocupo muito com você!

Espero que esteja aquecido. Soube que faz muito frio em Tóquio.

Espero que seus advogados consigam vê-lo na semana que vem.

A ideia de que você esteja completamente só me mergulha na tristeza e na raiva.

Você me diz que não se sente sozinho, e isso me tranquiliza.

Você não está sozinho. O apoio que vem recebendo no mundo todo é extraordinário, os amigos de todos os continentes pedem notícias suas todos os dias.

Eu amo você, minha vida. Você é meu raio de sol, minha luz, meu equilíbrio, meu pilar.

Quero que continue forte porque preciso de você e não posso viver sem você.

Por favor, cuide-se.

Amo você.

Carole

Carlos

Janeiro de 2019

O período de festas já passou. O tempo parece que parou, foi interminável. Não temos nem televisão nem rádio na prisão, exceto para os condenados à morte, que têm um televisor na cela. Mas os prisioneiros podem receber livros, e o Papai Noel me mandou uma boa quantidade deles.

Em Kosuge, a leitura é mais que uma ocupação, é uma enorme ajuda. A cada dia, tenho direito a duas novas obras, desde que a direção esteja de acordo com os temas que abordam. Assim, certos livros ficam bloqueados na administração durante um mês antes que consintam que eu os receba. Sem nenhuma outra razão, acho eu, além de me irritar...

Sempre li muito e em muitos idiomas, para manter um bom nível de conversação com meus interlocutores estrangeiros. Gosto da literatura, das palavras, dos belos textos com frases bem construídas. Nos romances, o estilo é importante para mim. Pedi aos meus advogados que comprassem livros de história. Gosto muito de biografias. Devorei uma de Winston Churchill, que achei excelente. Os livros de economia ou de previsões econômicas, que eu tinha o hábito de ler, não me interessam mais. Preciso distrair minha mente.

Carole me manda romances policiais, bons *thrillers* norte-americanos enormes, e livros de jogos, com problemas difíceis de bridge e de Sudoku a serem resolvidos. Nada como esses livros para ocupar a mente! Anthony me mandou *O conde de Monte Cristo*, um tijolo com mais de mil páginas. (Não sei se meu filho escolheu esse livro por achar que o tema tinha tudo a ver comigo, já que a história de um homem acusado sem razão, jogado na prisão e que se vinga depois que sai, não pode me deixar indiferente...) Apenas espero não ficar preso durante catorze anos, como o famoso Edmond Dantès!

Tenho também direito a um jornal, pelo qual pago a assinatura. Às vezes, pessoas anônimas me mandam revistas. Um dia, um dos guardas, que nem me olha direito, me encara com um olhar lascivo ao me passar um pacote de revistas. Ao ver as capas, me dou conta de que são revistas eróticas! Como não me interessam, eu as devolvo:

— Se quiser, pode ficar com elas! — digo.

A julgar pela cara, ele ficou feliz com o presente. Isso nos fez rir. Acho que é um dos únicos momentos de descontração que vivi em Kosuge!

Na manhã de 8 de janeiro de 2019, os guardas vêm me buscar na cela para me levar ao tribunal distrital de Tóquio. É a primeira vez que compareço publicamente diante do juiz, atendendo a uma demanda dos meus advogados, finalmente autorizada pela justiça japonesa. Depois de um mês e meio de prisão, vou poder falar com alguém, mesmo não tendo ilusões quanto ao impacto que as minhas palavras causariam no juiz. Se a minha versão dos fatos lhe interessasse, ele teria me convocado muito antes.

A audiência só vai começar às 10h30, mas chegamos muitas horas antes. A viagem até o tribunal é feita em uma van fechada que me esconde do exterior. Na hora da minha apresentação diante do juiz, sou algemado e preso por uma corrente em volta da cintura, e um policial a segura o tempo todo. Não é um "regime de favor" que me fazem. Aqui, é comum conduzir os prisioneiros como se fossem animais. Ainda bem que não há câmeras, mas, ainda assim, que desumano...

Levam-me e me exibem diante de todos, para que se veja que, no Japão, os grandes e os pequenos, os poderosos e os necessitados, todos são submetidos aos mesmos dissabores. Claro! Mas aqui, quando a justiça "bloqueia" um importante diretor de empresa, ainda por cima um estrangeiro, ela o esmaga. Quer mostrar também como fui abandonado pela França, uma vez que compareço em condições tão humilhantes. É muito difícil. Sinto na sala um clima de imolação.

"São as regras", respondem os juízes quando se reclama do tratamento abusivo. Realmente. O sistema penal é estruturado de modo a acabar com o suspeito. Nem muito, nem pouco, sempre seguindo "as regras" e nada mais.

Na sala de audiências, cerca de quinze pessoas me esperam, entre as quais alguns jornalistas japoneses, com canetas a postos. Tendo em vista o interesse da imprensa, nem todos puderam entrar. Haverá bastante movimentação. O embaixador Laurent Pic está presente. No momento em que o juiz pede que eu fale, me soltam e chego mais perto dele.

Não trago comigo nem papel nem anotações. Decorei tudo o que tenho a dizer. Com os meus advogados, preparamos um texto curto, pois sei que não terei mais do que dez minutos.

"Se o senhor não quer passar pelo constrangimento de ser interrompido no meio de uma frase, prepare-se para que a sua fala não dure mais que isso!", aconselhou Otsuru.

Estou acostumado a calcular meus discursos. E também a falar em público.

Diante do juiz, olhos nos olhos, nego uma por uma todas as acusações. Insisti, enfatizando as palavras: "... preso injustamente com base em acusações sem fundamento."

Tento ficar calmo, ser natural e preciso. Apesar do meu cansaço, minha voz não se abala. Quero me mostrar o mais forte possível para que o juiz compreenda que não vou me submeter a eles. Com o rosto impassível, ele me olha fixamente sem piscar.

Quando faço um resumo da minha contribuição à Nissan durante vinte anos, de tudo o que realizei em favor da empresa — o que ninguém pode negar porque os números comprovam os resultados —, imagino que o juiz vai se animar. Mas nada acontece. Ele me fita com um olhar distante. Pergunto-me se ele está me ouvindo.

É um homem pequeno, magrinho, pálido, com ar amedrontado, sem muito relevo. De modo geral, os juízes que sou levado a conhecer não têm bom aspecto. Eles têm esse lado cinzento, burocrático, com os cabelos muito curtos e óculos pequenos com armação de aço. Já os procuradores são seguros de si, autossuficientes, falam alto...

"Meu" juiz está sentado a uma mesa, entre os procuradores e os advogados de defesa. Durante toda a sessão, percebo que ele fica virado na direção dos procuradores, como se fossem esses que lhe dessem as ordens, enquanto ele faria apenas o papel de moderador. Ele nunca os contraria, mesmo quando fica evidente que não estão respeitando suas ordens, o que acontece várias vezes. Por sua vez, não dá nenhuma atenção aos meus advogados — e, confesso, acho a subserviência deles lamentável. Otsuru, Go Kondo e Oshikubo possuem anos de experiência, mas, diante dos procuradores, perdem toda a coragem, toda a linha. Eu diria que eles já estão prontos a aceitar a derrota. Resumindo: vê-se logo quem manda! É aflitivo e, sobretudo, muito preocupante para o futuro dos meus "casos".

Minha intervenção, que não provocou nem perguntas nem comentários da parte do juiz, é seguida de um breve diálogo entre ele e meus advogados. Depois, sou levado. A audiência terminou. Como eu esperava, o juiz confirmou minha permanência na prisão, justificando com "o receio de que eu destrua provas ou saia do país".

À tarde, Otsuru dá uma entrevista coletiva para dizer que não há razão alguma para que eu permaneça preso, já que a Nissan estava informada de todas as minhas ações e decisões.

Eu gostaria que ele tivesse sido tão objetivo assim diante do juiz!

"Vamos pedir o fim da detenção de Carlos Ghosn. Vão acusá-lo mais uma vez em 11 de janeiro? Sim, provavelmente. Vão prendê-lo novamente em razão de outras acusações? Não sei...", acrescenta.

Nada muito animador. E Otsuru ainda me informa que, no Japão, é raro que uma pessoa sendo investigada, ainda por cima estrangeira e negando todas as acusações que lhe são feitas, seja liberada mediante fiança antes do seu processo. Resumindo, só boas notícias!

Carole

Passei o dia 31 de dezembro e o dia de ano-novo na casa de May, minha amiga. "Um clima de fim de mundo. Trágico, mas não pesado...", diria ela, para resumir a noite. É verdade que estamos tristes, mas estamos juntas e nos apoiamos. Depois do jantar, meus filhos saíram para se divertir e eu os entendo. Quero que se distraiam, apesar de tudo. De qualquer forma, eles sabem que, com "minhas amigas", estou em boas mãos.

Preciso falar desse trio de amigas, o qual conheço há muito tempo e que são como irmãs para mim: Maria "loira", Maria "morena" e May são meus esteios desde que esse drama começou. Nossas casas em Beirute são próximas, nós nos visitamos com frequência, e, sempre que estamos juntas, são risos e lágrimas que se misturam.

Maria loira é romântica, divertida, otimista. Maria morena é carinhosa, calorosa, protetora. Já May é a vivacidade, a ética e a força personificadas. Elas são minha gangue, minhas bússolas, todas diferentes e muito íntegras. Por sua vivência, elas têm uma relação com a dor que lhes permite compreender a minha de forma instintiva. Eu as sinto conectadas a mim.

Quando a solidão é muito insuportável, vou me refugiar na casa delas. Lá, sempre há um cômodo tranquilo e um pequeno escritório onde posso escrever para Carlos, no fim do dia.

Tenho outras amigas, mas essas são especiais. É a amizade entre mulheres no que ela pode ter de melhor e mais belo: gentileza, compreensão, cumplicidade, empatia. Acrescento a isso o humor e um grande senso de autoironia, muito importante!

Todo fim de semana, Dina, a mais nova do grupo, nos convida para sua casa, localizada nas colinas que cercam Beirute. Ela também não quer me deixar sozinha. Meus amigos Rabih e Kamal me chamam sempre para almoçar ou jantar com eles e aferem minha pressão todos os dias. Eu me sinto amparada, protegida, acudida. Nunca duvidei da amizade deles, mas eles têm me impressionado. Todos, cada um com seu jeito, têm cuidado de mim. Eles são meus anjos da guarda, que me ouvem ou tentam me distrair. Alguns não se conheciam antes desse drama, depois se tornaram inseparáveis.

Tenho consciência de que minha amizade pode ser um pouco penosa no momento. Não paro de incomodá-los: "Acha que devo escrever para fulano? O que acha se eu fizer isso? Devo falar de novo com ciclano? Com fulana? E se eu ligasse para..." Mesmo não desejando, eu os envolvi, os embrulhei no meu estresse cotidiano. Eles estão alertas, procurando artigos, informações sobre Carlos. Mas estão sempre ao meu lado, fiéis. Posso contar com eles. E não esqueço meus amigos nova-iorquinos, que se alternam quando estou lá.

A trégua de Natal não durou muito tempo. Desde janeiro, fui avisada de que enviados da Nissan tentaram entrar no nosso apartamento de veraneio em Paris. Sem nos avisar e sem autorização.

Preciso ir à França para ver o que está acontecendo.

Ao chegar lá, constato que, com o salário de Carlos retido, não consigo acessar o apartamento cujo aluguel era descontado da renda. Diante de meus questionamentos e cientes de que não têm o direito de entrar na nossa casa, os enviados da Nissan aceitam que eu entre, caso pague imediatamente o valor da locação. E é o que faço.

Em dezembro, o escritório norte-americano de advocacia que cuida do caso de Carlos e o Human Rights Watch redigiram, juntos, um projeto de carta que devo encaminhar a Kanae Doi, diretora da ONG no Japão.

Previamente, e para que tudo corra segundo as regras, informo a equipe de Otsuru sobre minha intenção de pedir a intervenção da famosa ONG. Como eu já imaginava, eles discordam da decisão. A violência da reação deles me gela e me faz pensar: para quem eles trabalham de fato? Para Carlos ou contra ele?

As palavras do sr. Go Kondo são categóricas: "Não sei por que recorreu à Human Rights Watch. Por que essa organização cuidaria do caso do seu marido? Ela deve ter casos mais urgentes e mais graves do que o dele, pessoas que sofrem na África, por exemplo... Não é uma boa ideia. Aliás, aviso logo que o embaixador Laurent Pic discorda da sua iniciativa..."

Resolvo ligar para Laurent Pic:

— Soube que o senhor não concorda que eu seja auxiliada pelos direitos humanos. Não entendo qual é o problema...

O embaixador fica surpreso.

— Não, Carole, eu nunca disse nada disso. Mentiram para você!

Não é a primeira vez que descubro que Go Kondo está inventando coisas. Um dia, ele me ligou para dizer que achou

Carlos muito deprimido, que ficou preocupado, que temia que ele tentasse tirar a própria vida... Fiquei angustiada! Mas os embaixadores não tinham me dito nada sobre isso. Pelo contrário, tinham me garantido que Carlos estava segurando as pontas e lutando. De onde tinha saído aquela história?

Era mentira, mais uma. Com qual objetivo, não sei. Durante alguns minutos, temi muito pelo meu marido. Depois, pensei e concluí que, mesmo deprimido, Carlos não faria isso. Ele não é suicida. Pelo contrário, ele resiste o máximo possível, e, em suas cartas, pede que nos mantenhamos fortes para sair dessa todos juntos.

Encontrei Go Kondo em Beirute lá pelo dia 21 de dezembro de 2018, pouco antes da data de soltura do primeiro pedido de condicional de Carlos, que foi negado. Anteriormente, os procuradores japoneses tinham me pedido que verificasse o interior do porta-malas do carro dele, na garagem da casa rosa.

Para essa verificação de alguns minutos, a Nissan enviou para o Líbano um exército de agentes de segurança, todos de nacionalidades diferentes! Tinha gente do Japão, de Dubai, da Espanha, da Bélgica... Senti-me uma terrorista procurada por todas as polícias do mundo! Go Kondo também estava presente.

— Podem abrir o porta-malas — disse eu aos homens da Nissan. — Não temos nada a esconder...

É claro que eles não encontraram nada que pudesse lhes interessar e foram embora de mãos vazias. Go Kondo poderia ter aproveitado para falar comigo, já que nós não nos conhecíamos. Ele fez uma viagem de treze horas de avião para verificar um porta-malas vazio e não nos veríamos de novo tão cedo. Mas não, ele foi embora imediatamente. Sei que Anthony, filho de Carlos, está em contato com ele para ter notícias do pai. Acho que ele não gosta muito de Kondo, a comunicação entre os advogados e Anthony é difícil... Duas semanas depois, contrariando o conselho do dr. Otsuru e depois de consultar toda a família de Carlos, decido enviar a carta. E, para que ela não cause problemas a ninguém além de mim, apenas eu a assino.

Na carta, contei tudo, denunciei tudo: a detenção de Carlos, a prisão imediata, sem que ele pudesse ser acompanhado de um advogado, as condições desumanas do encarceramento, os interrogatórios, sempre sem a presença de um advogado, as tentativas de extrair uma confissão, recorrendo aos meios mais imorais, a chantagem, os documentos em japonês que ele precisa assinar sem saber o idioma, a proibição de ver a família etc. Também falo do "sistema de justiça criminal" deles, cujas características mais duras comparo às da justiça chinesa. Uma comparação que não deve agradá-los nem um pouco! Mas não importa.

Os primeiros dias da prisão de Carlos, as primeiras semanas, foram de espanto e devastação. Com o envio da carta, a guerra estava declarada. Não penso em reunir todas as minhas forças nem me pergunto se as tenho. A única coisa que sei é que não quero mais ficar parada e que, a partir de agora, quem quer que deseje ajudar meu marido será bem-vindo.

Estou obcecada com a ideia de tirá-lo da prisão, só falo nisso. Vejo que meus amigos não reconhecem mais a Carole com quem conviviam havia tantos anos. Costumo ser calma e serena, não gosto de gerar confusões, de chamar atenção. Mas, nessa situação, não tive escolha. A carta diz, a quem queira saber, que não vou ficar de braços cruzados.

Sinto que estou me tornando outra pessoa. A Carole discreta dá lugar à Carole guerreira. Minha vida nem sempre foi simples. Meu pai morreu aos 29 anos, quando eu ainda era uma garotinha. Meu irmão e eu éramos os únicos na escola que não tínhamos pai e, para além da saudade que sua morte prematura gerou, essa particularidade me fazia sentir diferente dos outros e me transformou. Eu não endureci, não me tornei amarga nem tinha inveja dos meus colegas, mas alguma coisa se fortaleceu em mim. Essa ausência de uma autoridade segura sobre mim me fez mais independente.

Méritos também da minha mãe, que me ensinou a ser corajosa e digna nos momentos difíceis.

É comum que as forças que nos habitam só se revelem quando estamos em perigo e precisamos mostrar do que somos capazes. Foi a situação injusta e desumana a que Carlos foi submetido que me obrigou a mostrar as garras.

Foi por acaso que conheci o advogado de direitos humanos, e então tudo começou. No início de janeiro, outra feliz coincidência colocou no meu caminho uma mulher cujos senso de justiça e vitalidade me ajudaram muito e foram formidavelmente eficazes. Anne Méaux é diretora de uma famosa agência de comunicação que aconselha, entre outros, muitos empresários do CAC 40. Curiosamente, Carlos e ela nunca mantiveram contato.

No meu deslocamento para Paris, fico sabendo que Abbas Jabre, um homem de negócios libanês, quer me ajudar. Ligo para ele, que me convida para encontrá-lo em sua casa. Naquela noite, um de seus amigos advogados e Anne estão jantando. O clima caloroso me faz contar a história. Os três ficam estupefatos, indignados com a omissão do governo francês e com a covardia dos dirigentes da Renault.

— Vou ajudar — disse Anne, logo que terminei minha narrativa.

Foi graças a ela que eu daria minhas primeiras entrevistas na imprensa. Um exercício que de antemão me pareceu delicado. Nunca falei com jornalistas. Será que consigo ficar à vontade? Será que minha emoção e minha ira podem acabar sendo contraproducentes? Afinal de contas, os franceses não me conhecem. Anne me tranquiliza.

— Conte sua história com sinceridade, da forma mais simples possível. As pessoas vão ficar comovidas pelo seu desejo de ajudar seu marido, por tudo que está tentando fazer por ele. Ninguém imagina o que ele está vivendo na prisão de Kosuge. É inaceitável. Você precisa dizer como ele está sendo tratado lá...

Ela combinou com a famosa e muito popular revista *Paris Match* para ouvir meu primeiro testemunho. "Ela alcança a todos...", comentou Anne, a qual acredita que seus leitores e o público francês de maneira geral devem se sensibilizar com o meu desespero, com a minha ira. Embora lidere a empresa mais emblemática do país, os franceses não conhecem Carlos, ou o conhecem de forma caricatural. Falar a respeito dele, explicar o que ele tem enfrentado e por que sei que é inocente dará a ele uma dimensão um pouco mais humana — humanidade, virtude tão ameaçada desde o início desta história.

Durante minha estada, pude encontrar Nicolas Sarkozy, na expectativa de que ele atrairia a atenção dos políticos com respeito à situação. Anthony, meu enteado, foi visitá-lo em novembro, logo depois da prisão do pai, e o ex-presidente o colocou em contato com Bruno Le Maire. Mas nada aconteceu. Minha visita a Nicolas Sarkozy é uma nova tentativa.

Daniel, que não mais saiu do meu lado, vai comigo. Sarkozy nos recebe em seu escritório com boa vontade e uma franqueza muito direta que me agrada, nestes tempos de grande hipocrisia.

— Sabe, Carole, não tenho grande simpatia pelo seu marido — diz Sarkozy sem pestanejar —, mas eu o respeito. Vou ajudar você, porque o que fizeram com ele é injusto... — E acrescenta: — Você precisa falar com a imprensa. É a única forma de alertar a opinião pública sobre o que ele está vivendo. Você é a mulher dele e tem legitimidade para fazer isso...

Eu me sinto intimidada, um pouco insegura pelo meu francês, que acho desajeitado. Mas, para além das palavras, ele parece entender minha angústia e sorri para mim com grande generosidade.

— Carole, as pessoas corajosas são raras, e você é uma delas. Sei que vai superar essa provação. Você é forte...

À porta, me fez essa estranha confissão:

— Também tenho muitas cicatrizes, mas sigo em frente. Elas me tornaram mais forte...

Ele me promete que vai falar com Emmanuel Macron, com quem tem boa relação, e me manterá informada.

Não sei qual será o resultado desse encontro, mas, no momento, suas palavras encorajadoras reacendem minha esperança. A partir daí, Nicolas Sarkozy sempre me recebeu, e eu soube que ele defendeu Carlos junto ao presidente. Em vão, é verdade, mas defendeu, tentou, ao contrário de muitos que nem sequer apareceram.

Carole

2 de janeiro de 2019

Nunca na vida vou esquecer o telefonema do embaixador Laurent Pic, às duas horas da manhã! Acordei assustada, com o coração acelerado.

— Carole, tenho uma má notícia. Carlos está muito doente, com febre alta, e foi levado para a enfermaria.

— O quê? Mas o que ele tem?

— Não me contaram, sinto muito...

— Desde que o conheço, Carlos nunca teve febre, nunca ficou doente! O que está havendo?

— Vou tentar conseguir mais informações e volto a ligar.

Os dois dias seguintes foram atrozes. Eu não conseguia dormir direito, atormentada por algumas das ideias mais desoladoras da minha vida. Carlos vai morrer, não posso estar perto dele, ele está doente e ninguém está cuidando dele. Ninguém se importa! Sinto que vou enlouquecer.

Acabo tendo febre também, e preciso ficar de repouso. Por sorte, Daniel está em Paris nessa época e vai cuidar de mim. Sinto que ele se tornou meu-melhor-parceiro-para--resolver-os-problemas! Lina, minha amiga de Beirute, chega um pouco depois para me fazer companhia. E, mesmo sendo duas pessoas em meu socorro, é um desafio me ajudar a enfrentar essa terrível semana!

Como descrever o alívio que senti quando o embaixador me ligou para dizer que Carlos tinha melhorado, que sua febre tinha baixado?

A ausência do meu marido é como ter um membro arrancado de meu corpo. A todo momento, sofro uma dor física. Emocionalmente, sinto-me incompleta, diferente da pessoa que eu era. Fora meus filhos, nunca senti tanta saudade de alguém assim antes. Desde que meu marido foi embora, eu não vivo mais, eu sobrevivo.

Nós nos conhecemos há onze anos, e nossa harmonia é cada vez maior. Somos inseparáveis, complementares, sem deixar de ser nós mesmos. Nunca amei nenhum homem como amo Carlos e nunca conheci ninguém que se importasse tanto com meu bem-estar. Ele é uma pessoa sensível, amável, solícita, um homem sempre atento ao que digo ou à forma como sinto as coisas. Ele é interessante, curioso, sua vontade de viver é notória. E, o mais importante, é um homem ligado à família. Nisso, compartilhamos os mesmos valores.

Quando falo de Carlos para pessoas que não o conhecem bem, sempre ouço a mesma frase: "Ele é muito gentil comigo." Nos dias atuais, a gentileza é uma virtude banalizada, depreciada, às vezes até mal interpretada, mas, na minha opinião, ainda é uma grande qualidade. Por ouvir confidências de amigas menos felizes do que eu em seus casamentos, sei que tenho muita sorte de ter um marido tão atencioso.

A partir do momento em que nos conhecemos, ele e eu fizemos de tudo para ficarmos juntos, porque nosso encontro inspirava uma certeza: éramos feitos um para o outro.

Durante essas incontáveis noites em claro sem meu marido, fiquei pensando que éramos felizes demais e estávamos pagando o preço por isso. Amar demais sempre traz uma inquietação. Eu costumava dizer a Carlos: "Somos felizes demais. Sinto que vai nos acontecer alguma coisa..." Ele dava de ombros, confiante: "Não, não, claro que não..." Mas eu precisava converter minhas angústias em palavras. Talvez para conseguir eliminá-las melhor em seguida: "Eu seria a mais infeliz das mulheres se você deixasse de me amar como me ama neste momento...", disse a ele um dia. Naquela ocasião ele também me olhou com grande ternura.

Esse mesmo olhar que trocamos um com o outro todos os dias e diz ao outro ser a pessoa mais importante do mundo.

Não vi imagens da audiência, nada foi filmado. Foi pela imprensa que soube que Carlos chegou a um tribunal de Tóquio com uma corrente enrolada na cintura, algemado e puxado por um policial como um vendedor de cavalos que leva seu animal para a feira. Essa visão me enlouqueceu! Ele precisa passar por tudo isso para ser interrogado? E não penso só em Carlos, mas em todos os presos que são tratados assim. Como se pode humilhar a tal ponto um ser humano?

Embora não tenha havido gravação, um desenhista estava presente na sala e "rascunhou" o perfil de Carlos. Reconheço o rosto dele no esboço, mas o que me impressiona é seu pescoço magro saindo da camisa e o uniforme dentro do qual ele parece flutuar. Eu não queria ver as imagens por temer que ele estivesse enfraquecido, mas esse desenho é pior que tudo. Fico devastada por tal tratamento e muito preocupada com ele. O artigo também menciona que ele falou por pouco tempo, mas com voz clara, forte, e que olhou o juiz diretamente nos olhos. Eu o imagino franzindo a testa, magro, enfraquecido, mas determinado a ser ouvido. Nessas palavras que leio e releio, para visualizar melhor a cena, reencontro meu marido e sinto um pouco de esperança. Ele vai sair dessa, ele vai sair dessa...

Volto a pensar na viagem que fiz ao Brasil, quando conheci a mãe de Carlos. No apartamento, vi a caminha dura e desconfortável em que ela dormia. Carlos devia dormir em uma parecida quando criança. Ele teve uma educação severa com os jesuítas, que têm uma disciplina rigorosa, o que não necessariamente o desagradava. Ele gosta de regras, de rigor, habituou o corpo à atividade física, à resistência, e me disse que se exercita em sua cela. Todos esses elementos me fazem pensar que ele não vai desmoronar, ao contrário do que as autoridades japonesas tentam. Mas por quanto tempo ele resistirá a esse regime?

Meu alívio foi saber que, após seu pico de febre sem explicação, Carlos foi transferido para uma cela na enfermaria da prisão e agora está dormindo numa cama de estilo ocidental, em um cômodo um pouco mais quente. Qualquer mínima melhora nas condições de sua detenção já é de considerável importância.

Dois dias depois, motivada como nunca, vou levar uma carta para o presidente Macron, no Palácio do Eliseu.

É quinta-feira, 10 de janeiro, e faz muito frio. Na entrada do pátio de honra, explico ao guarda a razão de minha visita. Ele olha meu passaporte, pede-me para esperar e telefona. Aguardei durante uma hora e meia no frio até que ele viesse pegar meu passaporte para levá-lo ao secretariado do presidente.

Excelentíssimo Senhor Presidente,

Escrevo ao senhor após quase dois meses de detenção de meu marido, Carlos Ghosn, para manifestar minha grande preocupação e minha profunda inquietude.

Como esposa, ignoro o conteúdo dos fatos que deram origem às três prisões provisórias ocorridas desde 19 de novembro de 2018. Mas constato que meu marido não tem a oportunidade de questionar e contestar as acusações apresentadas contra ele, que não recebe assistência durante as audiências, que sua defesa e ele não têm acesso a nenhum arquivo e que sua detenção se prolonga em condições que nunca foram praticadas na França, nem mesmo em legislações e jurisdições de exceção.

Pela primeira vez, meu marido pôde estar perante um juiz em 8 de janeiro de 2019 e negar publicamente os fatos dos quais o acusam. Mas essa audiência tardia, em que lhe foram dados apenas dez minutos para se pronunciar, após 53 dias de detenção, não é suficiente para dissipar a angústia que o prolongamento dessa medida, que o priva de seus remédios franceses e que o fez perder 10kg, faz pesar sobre a integridade e a capacidade de defesa de um homem cuja probidade e honra são, sem real acesso ao contraditório, tão gravemente questionadas aos olhos do mundo inteiro.

Ele será novamente convocado a uma audiência e conduzido perante o juiz amarrado em uma corrente?

Meu marido merece tal tratamento? E como pode ser humilhado a esse ponto?

O Japão é signatário do pacto internacional relativo aos direitos civis e políticos de 16 de dezembro de 1966, ratificado pelo país em 21 de junho de 1979 e que prevê, entre outras coisas: que ninguém pode ser preso de forma arbitrária e que todo indivíduo preso será informado, no momento de sua detenção, sobre as razões da detenção; receberá notificação, o mais breve possível, de qualquer acusação contra ele; e que qualquer indivíduo detido por infração penal será conduzido, o mais breve possível, perante um juiz; e deverá ser julgado em prazo razoável, ou, do contrário, liberado.

Espero que o senhor possa assegurar a determinação da República Francesa em garantir a seus cidadãos a observância do direito internacional, a fim de que meu marido possa ter um julgamento justo, como qualquer acusado em qualquer Estado democrático.

Por isso peço, Excelentíssimo Senhor Presidente, que possa me receber o mais rápido possível.

Aproveito a oportunidade para apresentar a Vossa Senhoria os protestos da minha mais elevada estima.

Carole Ghosn

Carlos

Durante as minhas primeiras semanas na prisão, o governo francês deu alguns sinais de interesse pelo meu caso, pedindo à justiça japonesa minha liberdade para ficar na França e garantindo que eu retornaria ao Japão no momento do processo. Infelizmente, a tentativa não deu em nada...

Meu abandono "oficial" pela França acontece no dia 11 de janeiro de 2019, quando os japoneses se recusam a me liberar no fim da minha primeira prisão preventiva e me fazem uma nova acusação, que vai ditar meu destino. O governo francês decide que, chegando praticamente à idade da aposentadoria, eu devo abandonar minhas funções e nomear o novo presidente da Renault. Quiseram dar um exemplo e sacrificar o "soldado Ghosn"! Tudo isso para não detonar a Aliança e tentar restabelecer as relações com a Nissan — que ficaram estremecidas.

O emissário de toda essa operação é o próprio Bruno Le Maire, ministro da Economia e Finanças. O que estou sofrendo e a indiferença do governo francês me chocam terrivelmente. De um lado, os políticos dizem estar "fazendo tudo o que podem" por mim e lembram o princípio da presunção de inocência, e do outro Bruno Le Maire declara à rádio Luxembourg, no dia 20 de janeiro de 2019: "Não tenho nada a dizer sobre o sistema judiciário japonês." Ele conhece bem os aspectos disfuncionais de tal sistema. E acrescenta: "Nós fazemos tudo o que podemos para que as condições de Carlos Ghosn sejam as melhores possíveis." Isso demonstra o tamanho do seu cinismo.

Esse mesmo ministro me elogiou em diversas ocasiões, a última vez fora dez dias antes da minha prisão, durante a inauguração da fábrica da Renault em Maubeuge, e hoje, sabendo do mau tratamento ao qual sou submetido na prisão, ele diz ter confiança na justiça japonesa. E ainda diz que vai apresentar uma queixa em razão dos abusos denunciados pela Nissan, praticamente me apresentando como o principal responsável, portanto culpado.

Que hipocrisia monstruosa! No que diz respeito a meus embates com a Nissan, o governo francês aprova a justiça japonesa, mas, quando se trata do caso dos filhos de casais mistos franco-japoneses privados da sua filiação francesa por causa dessa mesma justiça, que privilegia os seus nacionais, ele a critica!

Lembrei o que um político que conhecia Bruno Le Maire tinha dito havia muito tempo: "Enquanto tudo correr bem, ele o apoiará. No dia em que você tiver problemas, ele será o primeiro a virar as costas..." Eu devia ter levado isso a sério.

O discurso do ministro, assim como os discursos de todos os políticos franceses, tem dois lados, e é possível perceber o que de fato defendem, ou seja, a compreensão deles dos interesses da França face a uma flagrante injustiça individual. Uma atitude de grande ambiguidade. Eu não fui ao Japão como turista brasileiro ou libanês. Eu estava lá como presidente da Renault e presidente da Aliança, representante de importantes interesses franceses, encarregado de uma missão proclamada diversas vezes ao mundo todo de fazer da Aliança algo irreversível. E agora estou entregue aos leões, sem que ninguém levante um dedo para me defender. Todos lavam as mãos.

Não tenho a pretensão de estar acima das leis, mas tampouco aceito ser colocado abaixo delas. Mas constato que, em certos países, ser um alto executivo é uma circunstância agravante. Um dia, um amigo me disse que se eu fosse um simples jornalista ou um dirigente sindical francês preso em um país estrangeiro, o governo teria obtido a minha soltura em 48 horas e exigido ser informado dos motivos da acusação. Já o presidente de uma empresa emblemática como a Renault é vítima de uma conspiração, e deixam que ele se vire sozinho, perdendo as forças numa cela no fim do mundo. Triste realidade...

Por mil e uma razões, sei que não vou me acovardar. Se eu me sentisse culpado de alguma coisa, mesmo a mais ínfima das coisas, não teria a mesma resistência. Mas não fiz nada de errado e não deixarei que minha honra seja arrastada na lama.

Quanto ao complô armado pela Nissan, ele me provoca mais desgosto do que qualquer outra coisa. É necessário lembrar que, em 1999, salvei uma empresa moribunda da qual ninguém esperava mais nada e dediquei a ela dezessete anos da minha vida profissional. Ela é quase como uma filha, uma bebê gravemente doente da qual cuidei e ajudei a recolocar de pé, pronta para competir numa corrida de cem metros! E essa bebê, depois de crescer, me trai com imensa baixeza.

Eu jamais esperei isso da empresa. Cada vez que ela foi ameaçada, a defendi contra a intrusão do governo francês, e caí numa armadilha preparada por aqueles a quem protegi. Não sei como qualificar esse sentimento que me sufoca, é mais que uma decepção, uma imensa desilusão, uma profunda tristeza. Passei todo esse tempo cuidando da sobrevivência da Nissan, mas hoje, para mim, ela morreu.

Não reconheço nem mesmo o comportamento dos japoneses. Eles não são ingratos, retribuem o que lhes damos e se lembram. Mas agora acontece o contrário, e com uma violência excessiva, inabitual. Eu me lembro de uma frase dita por um deputado da oposição japonesa, que me marcou profundamente: "Lamento muito o que o Japão fez com o senhor. Depois de tudo o que fez em favor da Nissan, ele retribuiu o bem com o mal. Isso não está de acordo com as tradições japonesas..."

"A história é uma sequência de mentiras sobre as quais todos estão de acordo." É uma frase de Napoleão da qual gosto muito e que pode ser aplicada ao que estou vivendo. Mesmo se os fatos são indiscutíveis, os japoneses poderão pegar a história da Nissan e reescrevê-la como quiserem. Para a Renault, será a mesma coisa: apagarão treze anos da minha vida ocupando sua presidência! Não se fala mais de mim, do período no qual construí pacientemente a Aliança Renault-Nissan-Mitsubishi e o transformei no maior grupo automobilístico mundial — o que não era o meu objetivo, mas foi a consequência de uma boa estratégia bem executada. Tudo será apagado.

*
* *

As visitas dos diplomatas são meus únicos laços com o exterior, com o mundo. Com personalidades muito diferentes, eles se completam admiravelmente. Laurent Pic tem simpatia por mim, embora eu sinta nele certa distância que, imagino, se deve à posição muito ambígua do governo francês. Certamente me ajudaria mais se pudesse, mas o embaixador evita fazê-lo por estar submetido a certas restrições, a razões de Estado. Aliás, ele é criticado na França. Alguns não compreendem por que ele vem me ver com frequência — parecem esquecer que "também" sou um cidadão francês.

Percebo, de passagem, o paradoxo da França, que me abandona mas continua a enviar seu embaixador duas vezes por semana. É o conceito do "ao mesmo tempo": prático, estético e indulgente.

Nidal Yahya esteve muito envolvido desde o início. Ele quer me defender e me ajudar de qualquer maneira, mas, sendo muito pessimista, me passa sua ansiedade sem se dar conta! Dos três, ele é o mais chocado com as minhas condições de detenção. Tenso e nervoso, não consegue deixar de se lamentar. "Mas que catástrofe!", "Deveríamos ter feito isso, dito aquilo...". Mas ele é gentil, caloroso e nunca esquece de passar no mercadinho da prisão e comprar para mim os poucos produtos frescos que encontra. Nidal Yahya é a própria generosidade oriental!

Quanto a João Mendonça, ele é afável e faz o que pode para me ajudar, sempre respeitando estritamente as regras.

Ele poderá confortar minhas irmãs que vivem no Brasil, dando notícias minhas a elas.

Durante todo o tempo em que estive preso, esses três homens vieram regularmente a Kosuge. Na minha solidão e com a hostilidade dominando o meu dia a dia, o apoio deles foi para mim mais do que precioso.

Sei que posso confiar neles, uma virtude que se tornou essencial para mim. Na minha reclusão e com muito pouca liberdade para manobrar, devo ter certeza de que as pessoas que vêm até aqui estão de fato empenhadas na minha defesa. Os novos acontecimentos me obrigarão a uma vigilância ainda maior.

Como eu esperava, no dia 16 de janeiro o Estado francês pediu que fosse nomeado um sucessor para dirigir a Renault. Um nome já circula: Jean-Dominique Senard, na qualidade de presidente não executivo da empresa. E é ele mesmo que será nomeado presidente da Renault, no dia 24 de janeiro de 2019, depois da minha aposentadoria, já que eu me declarei "impedido" de exercer minhas funções. "Impedido". Um eufemismo em relação ao que estou passando, mas como é o termo administrativo mais conveniente para a situação, que seja. "Impedido".

Como todo aposentado, peço que meus direitos financeiros sejam assegurados. Infelizmente para mim, o momento não é propício para esse tipo de demanda, mesmo ela sendo legítima. Desde novembro de 2018, os Coletes Amarelos invadiram as ruas das grandes cidades e as praças do interior, e o governo francês tem outras preocupações além das indenizações de um executivo como eu. Para a opinião pública, muito aquecida naquele momento, ele prefere dizer que, tendo pedido "demissão",* não posso aspirar à aposentadoria complementar à qual, no entanto, tenho pleno direito. Como Emmanuel Macron já era acusado de ser "o presidente dos ricos", ele preferiu não jogar mais lenha na fogueira.

Sabendo que existe uma equipe pronta a segui-lo, o governo nomeia Jean-Dominique Senard presidente do conselho administrativo — com a bênção de Bruno Le Maire — e Thierry Bolloré diretor-geral. Eu já tinha preparado Bolloré para esse cargo. É um homem ativo, competente. Com ele, a Renault estará em boas mãos.

Depois dessa mudança de comando, não recebi uma única palavra de quem quer que seja da Aliança. Nem obrigado, nem bravo, nada. Treze anos de história da Renault foram anulados. E eu também.

Enquanto isso, meu segundo pedido de liberdade sob fiança é recusado no dia 17 de janeiro. Para justificar sua decisão, o juiz alegou que eu poderia fugir. Na época, mesmo começando a entender melhor o funcionamento da justiça japonesa, ainda tinha uma pequena esperança de ser ouvido e ser desculpado das acusações feitas contra mim. Não quero fugir, quero me defender! Quando meu terceiro pedido de liberdade é recusado, Otsuru me informa que permanecerei na prisão pelo menos até 10 de março de 2019 — mais dois meses, que me parecem uma eternidade. Fico inquieto, nervoso. Sinto como se uma armadilha se fechasse um pouco mais sobre mim cada dia que passa.

---

* Minha "renúncia" é uma caricatura da realidade. Não me desliguei da empresa porque estava "impedido" nem porque não queria ser um obstáculo para a Aliança.

Carole

Recebi um aviso de recebimento do secretariado do Eliseu, no qual informam que o presidente me responderá "muito em breve". Eu esperei. Ele nunca respondeu. Somente após a publicação de minha entrevista no *Journal du Dimanche*, no início de janeiro, ele me enviou uma nota assinada de próprio punho que dizia: "O governo francês está fazendo de tudo para ajudar seu marido." Um tipo de frase tão previsível e clichê que me preocupou mais do que tranquilizou.

Mais tarde, por recomendação de seus advogados franceses, Carlos escreveu para Emmanuel Macron. Fui eu que levei sua carta ao Eliseu. Depois que Anne Méaux avisou sobre minha chegada, fui recebida pelo secretário-geral, Alexis Kohler, que me tratou com pompa e circunstância.

— Senhora, estou aqui para ajudá-la. Pode me ligar a qualquer hora...

E liguei. Em vão. Minhas mensagens também ficaram sem resposta.

E não foram as palavras de Bruno Le Maire, ministro da Economia e das Finanças, na rádio RTL, em 20 de janeiro, que me reconfortaram! Quando interrogado sobre a detenção de Carlos, ele respondeu, num tom um pouco irritado, que não cabia a ele julgar o sistema judiciário japonês. E, quando acrescentou que estava fazendo todo o possível para que as condições de detenção de Carlos fossem as melhores possíveis, tive vontade de gritar. É mentira! O governo não faz nada!

"Estamos fazendo de tudo..." Não suporto mais essa fachada na qual os dirigentes se escondem e afirmam que nada aconteceu, porque eles não estão interessados na questão. Existe algo de categórico e frio na voz de Le Maire, um discurso que não é questionado. Ninguém pode dizer a eles o que fazer. É assim e pronto. Em alguns segundos, o ministro eliminou o problema. Após essa mensagem sucinta, acho que não devo esperar mais nada do governo francês. Eles não vão fazer nada pelo meu marido.

Antes de ir embora de Paris, ligo para a sede da Renault. Já tentei falar com funcionários de Carlos, mas me dissuadiram. "Pare de ligar. Temo pelo meu emprego...", disse um deles. Seus assistentes mais próximos na empresa vieram com o mesmo discurso medroso: "Não temos como ajudá-la." Estão todos paralisados de medo! Somente uma assistente me dá outro número de telefone, por meio do qual posso falar com ela sem prejudicá-la. É ela quem providencia para mim um encontro com Thierry Bolloré, o novo diretor-geral do grupo.

Ele me recebe com grande cortesia e também me assegura que "eles estão fazendo de tudo para ajudar Carlos", sem, é claro, dizer-me como. Estava sendo difícil... Durante essa conversa, descubro que o documento de acusação contra meu marido está vazio e que ele não pode ser acusado de nada. Nunca saberei o que Bolloré fez de fato para ajudar meu marido, porque nunca mais o vi.

O que vou guardar dessa história é que, durante as semanas de espera ansiosa, os dirigentes da Renault que sabiam da minha estada em Paris não me ligaram uma única vez, nem mesmo para saber notícias minhas. Só vi lealdade e apoio em um ou dois dos antigos funcionários de Carlos, de uma escala hierárquica muito mais baixa.

Esse é o mundo empresarial e dos negócios... Triste constatação. Quando um cai, ninguém estende a mão. Carlos dedicou sua vida à Renault, sem contar suas horas ou sua dor. Ressuscitou a Nissan. Mas, hoje, todos viram as costas para ele.

Não tenho mais nada a fazer na França. Sobretudo porque, em Beirute, uma boa notícia me aguarda: nós vencemos o processo contra a Nissan a respeito dos homens que entraram na nossa casa e trocaram as fechaduras sem autorização. Já posso voltar para lá. Carlos vai ficar feliz de saber que voltei para nossa casa, e escrevo imediatamente para lhe contar. As boas notícias são raras e precisam ser compartilhadas.

Vou voltar para o Líbano, com muito pesar, pensando nas novas estratégias a serem adotadas, nas mídias a serem alertadas, nas pessoas com potencial para nos ajudar... O cerco se fecha duramente. Impiedosamente. Precisarei travar essa batalha sozinha.

21 de janeiro de 2019

Como vai, hayate*?*

Soube por Claudine P. que você está bem. Isso me deu forças. Pensei em você a noite toda, porque tive febre e só pude pensar em você, em quando você esteve doente, com febre, sozinho, em uma cama estranha.

Foi muito difícil enfrentar essa noite.

Ainda estou em Paris, e Daniel e Lina estão comigo. Estão cuidando de mim. Eu gostaria tanto de cuidar de você!

Recebeu os livros que enviei por Laurent Pic?

Só quero dizer que você é a minha vida, que sinto muitas saudades suas e que amo você.

Carole

Carole

Uma semana depois, em 24 de janeiro de 2019, a revista *Paris Match* publica a entrevista que concedi. Um artigo que não vai agradar à Nissan, porque não uso meias-palavras: *A recusa, por parte da Nissan, da dinâmica de convergência da Aliança, iniciada em acordo com o governo francês, parece ter motivado a obstinação de alguns japoneses em relação ao meu marido.*

No artigo, denuncio também a falta de democracia no Japão. Sei que nada é mais importante para os japoneses do que sua reputação, mas quero provocar a reação deles ao concentrar minha denúncia nos direitos humanos. Eles esperavam de mim apenas o testemunho de uma esposa entristecida, mas quis dizer mais: entre outras coisas, que um país que mantém por tanto tempo um inocente presumido na prisão não pode se dizer democrático.

Não importa se eu os chocar com isso. Não estou insultando ninguém. Até então, eu não tinha dito nada que pudesse desagradar ao governo japonês. De agora em diante, não há mais tempo a perder com fórmulas diplomáticas. A saúde de Carlos pode piorar de novo e estou preocupada com ele. Sobretudo porque seu advogado me avisou que a libertação foi adiada mais uma vez. Agora está prevista para meados de março.

Eu digo que Carlos não é do tipo que se esquiva, por isso não fugirá. E estou sendo honesta. Na época, eu ainda achava que a justiça japonesa permitiria que ele se defendesse e se explicasse. O Japão se apega à sua reputação, e meu marido se preocupa com a dele. Ele quer salvar sua honra e impedir que continuem maculando seu nome e o de sua família. Mas eles não devem esperar que ele confesse algo que não fez.

Com a publicação da *Paris Match*, eu deixo de ser apenas "a mulher de Carlos Ghosn" e me torno uma personalidade pública. Os holofotes se viram para mim, e as críticas não demoram a chegar. Por ter comemorado meus cinquenta anos no castelo de Versalhes em 2016, eles ainda me chamam de "Maria Antonieta em seu Petit Trianon", o que escandaliza meu trio de amigas. "Não tem nada a ver com você! Por que eles escreveram isso?"

Os jornalistas podem pensar o que quiserem, até mesmo que eu circulo por meu salão com vestido de anquinhas e chapéu do século XVIII! Tenho coisas mais importantes a fazer do que ficar fiscalizando minha imagem e não vou participar, nem mesmo enquanto vítima, dessa caça às bruxas. Mas eu estaria mentindo se dissesse que esses escárnios não me afetam. Eles magoam as pessoas próximas a mim e me causam muita dor, porque essa imagem não me representa: não me considero uma mulher superficial, indiferente aos outros e irresponsável.

A imprensa falou tanto de nossa casa rosa, dizendo que é um local de luxo e opulência, que minhas amigas que a frequentam não a reconheceram na descrição. A partir daí, entenderam que não deviam acreditar em tudo que os jornais veiculavam, bem como cabia a elas, quando possível, procurar a verdade.

E é o que eu também faço, sempre que posso. Não pedi para sair da sombra em que eu vivia tão bem, mas, quando começaram a atacar o homem que eu amo, eu não iria me calar. Os japoneses queriam que eu permanecesse dócil e silenciosa. Fiel à visão deles a respeito das mulheres, imagino... Mas não consigo. Meu único objetivo é tirar meu marido desse pesadelo. Todas as esposas fariam a mesma coisa, e todos achariam isso normal.

Não me perguntei o que iriam dizer sobre mim e o que iria acontecer comigo. Nem mesmo previ os riscos que eu podia correr ao irritar um governo, quiçá dois. Só segui em frente sem olhar para trás. De uma forma quase animalesca.

22 de janeiro de 2019
Espero que minha alma gêmea esteja rodeada pela família e pelos amigos.

Eu estou melhor, meu amor. Não se preocupe comigo.

Enquanto eu sentir a força do seu amor e das suas orações, eles não vão me destruir.

Esta semana será crucial para mim: os advogados pediram liberdade condicional (em Paris ou em Tóquio).

Temo que a Nissan encerre minhas contas bancárias no Japão e em outros países em seguida. Se você tiver coisas para resolver, encaminhe-as para meus advogados, e eles vão cuidar disso.

Fico feliz que Daniel esteja em Paris com você.

Amo muito você. Cuide-se.

Hayate, sinto muita saudade!

Amo você demais! A única coisa que quero é passar um tempo com você, falar com você, amá-la, cuidar de você.

As dificuldades da minha vida não são nada comparadas à minha sede de você.

Você é minha alma gêmea, é minha grande motivação para lutar.

Minha vida, amo suas cartas, suas mensagens. Tudo que vem de você dá sentido ao meu dia.

Penso em você o tempo todo, sobretudo de manhã, quando faço meus exercícios físicos.

Sofro muito por não estar com você.

Carlos

29 de janeiro de 2019

Para Carole, minha amada,

É sábado de manhã em Tóquio e me preparo para passar um longo fim de semana sozinho em minha cela.

A primeira coisa que quero que saiba é que você está comigo em todos os momentos do dia e da noite.

Você me dá ânimo, me dá sentido, você é minha razão de viver.

Amo você com todo o meu ser e quero que saiba quanto me orgulho da sua força, da sua perseverança e do seu empenho.

[...]

Se me importo com tudo que está acontecendo comigo?

Não muito. Na verdade, não dou muita atenção ao que ocorre ao meu redor, vivo dentro de mim mesmo.

Você está o tempo todo presente em mim. Meus filhos e minhas irmãs também me dão muita força.

Eu estou forte, aguentando firme. Não quero que você se preocupe comigo.

Quero que você continue a me amar e a me ajudar como tem feito.

Como você disse, "sempre existe luz no fim do túnel", mas temos que ser resilientes para aguentar a pressão que os procuradores e os outros estão usando contra nós.

Essa história está longe de acabar.

Minha querida, espero que seus pais estejam bem, que seus amigos continuem por perto, ajudando-a. Agradeça a eles, por mim, por tudo que estão fazendo por você.

Amo você. Não sei como expressar melhor meus sentimentos.

Você é o amor da minha vida, não se esqueça nunca disso.

Seu bem-estar e sua força são minhas prioridades.

Cuide-se bem. Esta é uma oportunidade (dura) de mostrar do que somos capazes, assim como a pureza e a autenticidade do nosso amor e da nossa vida.

Suas cartas e suas mensagens são meu suporte diário.

Amo você sempre e para sempre.

Carlos

Carlos

Fevereiro de 2019

O mês de janeiro transcorreu após o prolongamento da minha prisão preventiva à recusa da liberdade sob fiança. A fase de investigação dos procuradores terminou. Agora estou autorizado a receber outras visitas além dos meus advogados e dos embaixadores, até um máximo de quinze minutos por dia.

Minha primeira visita é uma visitante! Trata-se de Keiko M., uma empregada doméstica japonesa que esteve a meu serviço anos atrás e desapareceu de repente, sem explicações. Quando fiquei preocupado com a sua ausência, ninguém pôde me dar informações precisas. "Problemas de saúde...", sugerira meu motorista. Keiko foi uma das primeiras a me escrever na prisão, mas eu não sabia que se tratava dela. Ela até me mandou um pulôver. Quando ela pediu para me ver, dizendo que tinha trabalhado na minha casa, eu a recebi com alegria — restabelecemos o contato e ela voltaria a trabalhar na casa onde serei confinado em prisão domiciliar.

Recebi muitos pedidos de entrevistas de órgãos de imprensa e televisão do mundo inteiro, mas recusei todos. Em vez de ser obrigado a me explicar em quinze minutos, ou seja, de modo parcial, prefiro me abster. Terei encontros com alguns jornalistas, como a da Agence France Presse (AFP) e o enviado do jornal japonês *Nikkei*. Através de um vidro, como todos os visitantes.

Eles chegam com uma tonelada de perguntas e conversamos com pressa, pois seria necessário mais tempo para dar respostas detalhadas e explicar tudo. Não queria que dissessem que menti para a imprensa porque me enganei quanto a alguma data. Já me bastavam as sessões com Seki! Então, vou logo ao assunto mais urgente. Exponho as razões que me fazem pensar que sou vítima de um complô armado pela diretoria da Nissan e reafirmo minha inocência em relação a todas as acusações que pesam contra mim. E os quinze minutos já se esgotaram. A meu lado, um guarda anota tudo.

Eu poderia receber também Carole e meus filhos, eu sonho em revê-los... No entanto, num primeiro momento, insisti para que não viessem ao Japão. Não quero que os pressionem com o propósito de me fragilizar. E sei que, se vierem, eles correm esse risco. Todos sabem como sou próximo dos meus filhos e como sofreria se soubesse que eles atravessam dificuldades por minha causa. Então, decido esperar um pouco. E Deus sabe quanto é difícil...

Mais tarde, quando meus advogados garantirem que minhas filhas não serão incomodadas, elas virão, uma depois da outra, ou juntas, para se apoiar mutuamente. É preciso coragem para visitar um pai depois de três meses preso injustamente.

Os procuradores conhecem minha relação mais que muito próxima com Carole. Eles entraram em nossos apartamentos, em nossa casa em Beirute,* revistaram nossos bens pessoais, encontraram nossas cartas e nossos computadores, leram as mensagens que nos enviamos e, em nossos celulares, as palavras amorosas que nos transmitimos a cada dia. Eles roubaram toda a literatura do nosso amor! E vão tentar usar essa ligação, essa nossa força, contra nós.

O juiz não compreende os laços firmes que me unem a Carole. Eles lhe parecem quase antinatural! Como é possível para um homem da minha idade e na minha situação? Sem dúvida, para ele o amor é uma fase da adolescência, da juventude, sei lá... Deve pensar que é um truque para acelerar a minha liberdade condicional! Ele fez as seguintes perguntas ao meu advogado:

"Mas por que o sr. Ghosn quer tanto falar com a esposa? O que eles têm a se dizer?"

Essas reflexões mostram que ele não tem intenção de nos tratar como seres humanos. O fato de um marido não poder falar com a esposa durante quase três meses não é, para ele, nada grave.

Já sei que a sociedade japonesa é extremamente machista e que o sexismo está ligado aos costumes, mas ainda assim fico impressionado. A relação conjugal no Japão é muito particular. Quando eu saía à noite em Tóquio, ou em outras grandes cidades japonesas, ficava chocado ao ver o pequeno

---

* Antes mesmo dos procuradores, funcionários da Nissan entraram nos diversos apartamentos e casas que eu ocupava, sem que eu tivesse sido informado. Só no Brasil lhes foi dito que não poderiam entrar sem a minha autorização. E ninguém, na imprensa, mostrou indignação ou disse que essa iniciativa da Nissan era totalmente ilegal!

número de casais nos restaurantes ou passeando juntos na rua. O que se vê são grupos de garotas, de mulheres jovens as acompanhando, e alguns garotos ao lado. As pessoas saem com os amigos, raramente como um casal.

Descubro, por meio dos embaixadores, tudo o que Carole faz para me ajudar, e fico encantado com sua coragem. A carta ao palácio presidencial, à comissão dos direitos humanos, agora o artigo na revista *Paris Match*...

Ela se envolve, denuncia, diz o que pensa e também o que não posso denunciar. Ela fala até sobre o conservadorismo dos japoneses que me usam para se rebelar contra a Renault. Apesar de sempre ser feminina e doce, ela pode se tornar muito agressiva quando alguma coisa lhe desagrada ou quando atacam injustamente as pessoas que lhe são queridas.

Carole sempre seguiu de perto o que eu fazia. É uma mulher inteligente e culta com quem sinto prazer em dividir as aventuras do meu cotidiano. Ela é uma excelente companheira. Gosto de ouvir suas opiniões sobre as pequenas e grandes coisas da vida. Ela é uma pessoa sociável, delicada, sutil, a quem todos os assuntos interessam: o mundo empresarial, a política, a geopolítica, a educação, assim como as novas tecnologias, as artes, a moda, os espetáculos... Ela enriqueceu minha vida chamando a minha atenção para tudo o que lhe dava prazer.

Com ela, e por companheirismo, passei a gostar de arte, arquitetura, design, assuntos nos quais eu nunca tivera muito interesse até então. Ela me mostrou um novo mundo. Por exemplo, foi graças a ela que conheci as figuras mais importantes da arte contemporânea libanesa e suas obras, uma estética à qual sou hoje extremamente sensível.

Antes de encontrá-la, o essencial do meu tempo de lazer — fora a minha paixão pelo bridge — era dedicado a minha família, meus filhos, com quem eu viajava, velejava e fazia caminhadas... Tinha pouquíssimas atividades individuais. Lembro-me de que, no início da nossa relação, Carole me levava para ver exposições às quais, confesso, eu ia por amor a ela. Carole me abriu os olhos para o trabalho dos outros em universos que eram distantes de mim e dos quais aprendi a gostar. De natureza curiosa, alegre e sensível, ela ama a vida e as pessoas, que lhe retribuem à altura. Ela colocou a alegria e o riso na minha existência. Compreende agora, senhor juiz, por que eu gosto tanto de conversar com minha mulher?

Quando se ama, quando se é amado, quando tudo vai bem, a gente não se pergunta qual é a profundidade desse amor. É claro que não estou descobrindo a coragem de Carole, mas agora tenho uma demonstração viva, fora do normal! Correndo tantos riscos, ela demonstra de forma espetacular sua determinação em me ajudar e seu amor por mim. É isso, na verdade, que me faz sentir medo: ela é autêntica, direta e, ao se posicionar na linha de frente, corre o sério risco de ser atacada.

Sei que ela conversa com a imprensa, que vai aos estúdios de televisão, e imagino o preço que paga. Ela, que sempre prefere os bastidores à luz do palco... Sei também que ela escreveu ao presidente Macron, que se reúne com políticos, que move céus e terras para me ajudar, que luta como uma leoa. Isso me emociona e me faz sentir muito orgulho dela.

Quando a conheci, em 2009, eu passava por um período muito complicado: a situação econômica não era boa e a minha vida conjugal era um desastre. Como não podíamos viver nosso amor às claras, não nos vimos muito durante o primeiro ano, no máximo uma vez por mês. O trabalho me monopolizava, como sempre. No entanto, ela nunca me pressionou, nunca foi insistente. Jamais reclamou por eu priorizar outros assuntos. Ela era leve e a sua presença discreta e afetuosa me fazia bem. Eu relaxava quando estávamos juntos. Carole era uma ilha para onde eu fugia, um apoio, um conforto, quando tudo ao meu redor afundava. Sua presença se tornou rapidamente indispensável.

Ela sempre me propiciou a força para enfrentar tudo. Como está fazendo agora. A sua maneira de ver a vida, levando em conta apenas o que há de mais importante, me ajuda demais. É graças a ela — e por ela — que eu resisto no dia a dia.

Carole

No início de fevereiro, durante algumas horas, pensei em ir para o Japão. Uma decisão da justiça autorizou Carlos a receber visitas da família. Dei um salto de alegria, finalmente iria revê-lo. A alegria durou pouco: *Não venha!*, escreveu ele, de forma categórica. *É muito arriscado para você*, explicou. Imaginando meu desespero, o advogado dele me ligou para me dizer que os procuradores poderiam me prender a qualquer momento e por qualquer pretexto. Entendi, mas foi uma terrível decepção. Já fazia dois meses e meio que eu não ouvia a voz dele!

Apesar da minha decepção, não vou. Sei quanto ele deseja me ver, mas, se me prenderem, os procuradores japoneses me usarão para pressioná-lo ainda mais a confessar crimes que não cometeu. Sinto-me consolada de saber que Nadine e Maya, filhas de Carlos, poderão ir até lá sem nenhum risco. Pelo menos, ele não estará sozinho. E logo terei notícias.

Então, vou me consolar com as cartas e com esse momento de escrita meio mágico, em que o encontro toda noite, quando o dia termina e fico sozinha em nossa casa. É como um encontro amoroso, um momento íntimo que passo com o homem que amo. Escrevo por volta da meia-noite, uma da manhã — horário em que Carlos está acordando, umas seis ou sete horas. Eu o imagino na cela, agora que sei como ela é. É um momento estranho, transfigurado pelo silêncio da noite, em que sinto que estamos conectados um ao outro. Estendo uma ponte entre mim e ele para que nossas almas se encontrem e ele receba um pouco de minha energia e força, para suportar o dia que começa, mais um dia no oceano de dias que se passaram e dos que ele ainda passará vivendo lá.

Escrevo cartas nas quais é inútil fazer perguntas, porque proíbem Carlos de me responder. São cartas em que disfarço minha impaciência e inquietação para me concentrar apenas no amor que sinto por ele, descrevendo cada dia de fidelidade e determinação. Quero que ele sinta a minha presença mesmo eu estando longe e que saiba que meu amor se nutre de sua perseverança em se defender e em afirmar sua inocência. Escrevo cartas para fazer bem a ele e sei que ele aguarda por elas.

Neste aspecto, o e-mail de Kim, tradutora que acompanha os advogados de Carlos na prisão, me emociona demais: *Carole, quando Carlos lê suas cartas, o rosto dele se ilumina. A sua é sempre a primeira que ele lê no meio da correspondência. E duas vezes. Sorri com frequência durante a leitura e diz "Oh, tão querida!". Ele diz que ama você e que sente sua falta. Suas cartas lhe dão força...*

E um outro e-mail: *Carlos me disse: "Por favor, diga a Carole que eu a amo infinitamente, que ela é o amor da minha vida. Diga que ela é a minha força, que me dá tudo de que preciso para continuar..."*

Sempre que o vê, Kim se apressa em me escrever:

Hoje, mostrei duas cartas suas a Carlos e ele as leu sem pressa, passou um longo tempo com elas. Suas mensagens maravilhosas fazem toda a diferença. Ele disse que ama muito você e sabe que é difícil, mas está aguentando firme e, por favor, seja forte você também! Carlos fica tenso de ver que você está preocupada com ele. Carlos está concentrado e calmo. Você tem de manter o otimismo e se cuidar para não preocupá-lo. Ele está negando as acusações e lutando. "Adoro minha família", diz sempre ele. "Eles são muito importantes para mim, são a razão de minha força. Não existe outra. Vou lutar até o fim."

Durante minha única conversa por Skype com o dr. Motonari Otsuru, o advogado me explica que, se Carlos assinar a confissão, ficará preso de sete a dez anos. Mas se ele se recusar a confessar a condenação será mais pesada: dez a quinze anos. Eu fico devastada.

— Mas como ele pode escapar nessas condições?

— Seu marido tem uma opção. Ele cumpre a pena de prisão e depois estará livre!

É isso que o defensor de Carlos tem a oferecer?

Sei que Otsuru é um ex-procurador que se tornou advogado especialista em assuntos financeiros. A relação com ele é penosa, porque se percebe que ele reluta em criticar o sistema judiciário. Seu único argumento se resume em uma frase: "Isso é o Japão, é assim que funciona por aqui!" A mesma ladainha dos ex-colegas!

Saí desse encontro chocada e deprimida. Precisamos fazer alguma coisa, não podemos continuar assim. Com Otsuru, não vamos a lugar algum. Carlos deve ter entendido isso e talvez ele mesmo já tenha decidido mudar de advogados... Mas ele não conhece ninguém, e, lá de onde está, quem ele poderia procurar?

Por coincidência, um ex-funcionário de Carlos me ligou e pediu que nos encontrássemos. Nessa época, eu estava passando uns dias em Paris. Sei que posso confiar nele porque foi um dos poucos que queria saber sobre Carlos. Ele é casado com uma japonesa. Será que poderá me aconselhar, já que conhece bem a mentalidade desse povo?

E, de fato, ele queria me encontrar para falar de Otsuru e não mediu palavras.

— Esse advogado é o pior que vocês poderiam contratar! Ele vai perder tudo, e Carlos passará vários anos na prisão!

Quando digo que não sei quem escolheu o dr. Otsuru, ele se exalta:

— Foi a Renault! Foi a Renault! Carole, você precisa escrever para Carlos e pedir a ele que mude de advogado. Eu conheço um advogado brilhante, o melhor de todos: o dr. Junichiro Hironaka.

— Mas como posso avisar a ele? Minhas cartas são lidas por seus advogados japoneses. Eles vão ficar furiosos...

— Você vai conseguir uma solução.

A única solução é entregar a carta por intermédio do embaixador libanês, que deve visitar Carlos nos próximos dias. No entanto, antes de falar com ele, quero conversar com esse advogado providencial. Marco uma reunião por Skype, e, então, tenho uma enorme surpresa: Hironaka não fala uma palavra de inglês! Quanto a seu tradutor, sua pronúncia é tão ruim que ele também precisa da ajuda de um tradutor. É surreal, mas nosso tempo é curto, e vou precisar escolher *"no feeling"*.

Observei o rosto impassível, os cabelos grisalhos, os olhos tranquilos de Hironaka e pedi a ele que defendesse meu marido sem ter entendido uma única palavra do que ele dizia. O que me convenceu foi saber que era conhecido como um defensor dos direitos humanos. Além disso, ele não se opõe ao fato de a opinião pública ser informada por meu intermédio, enquanto Otsuru pedia que eu não entrasse em contato com a imprensa internacional. É muito importante estarmos de acordo desde o início, porque não pretendo parar de recorrer à mídia. Sem a imprensa, sei que nada irá acontecer.

Em seguida, escrevi ao embaixador libanês. Ele deve pedir a Carlos que encontre o dr. Hironaka com urgência. Carlos confiou em mim, encontrou o advogado e, apesar do problema da língua, alinhou-se à minha ideia.

Carlos

Os dias se estendem, tristes e monótonos, ou iluminados pelas cartas das pessoas que amo — além dos presentes que ganho de desconhecidos: uma camiseta, um pulôver, ceroulas de lã... (Os prisioneiros da enfermaria não são obrigados a usar o uniforme, com exceção dos chinelos de plástico!) Os anônimos que me escrevem devem saber que faz muito frio na prisão e se compadecem de mim. Fico muito emocionado, sobretudo quando vem de japoneses. Aparentemente, ainda tenho alguns apoiadores! Os presentes são sempre acompanhados de cartas em japonês que não consigo ler, o que lamento. O intérprete a quem pedi ajuda me disse que estava muito ocupado!

O tempo me parece infinitamente longo. A cada nova acusação, os interrogatórios com o procurador Seki recomeçam. Sempre mais perguntas, mais documentos que ele me mostra pela metade, mas que eu deveria reconhecer de imediato. E sem jamais poder anotar nada. Quando volto à cela, tento escrever o que posso para organizar minhas ideias, sabendo que, assim que viro as costas, as anotações serão lidas pela direção.

Durante esse tempo, o bombardeio da imprensa continua. A Nissan continua a me acusar, repete antigas revelações, aciona suas inúmeras empresas mundiais de comunicação, que me atacam sem cessar. Sabendo que a opinião pública francesa está sempre a postos para criticar os "grandes patrões", e sou um deles — principalmente nesta época de protestos intensos.

Sem saber nada sobre o caso e sem a menor prova da minha culpa, a imprensa japonesa já me classifica como detestável. O fato de não existir nos jornais nenhuma versão diferente, e ver que todos estão alinhados me deixa atônito. Essa não é uma das características dos países totalitários?

A França se tornou cúmplice dessa campanha de difamação ao se silencia. Essa atitude foi devastadora para mim, porque gerou uma dúvida complementar sobre a minha culpa. "Se as autoridades não se mexem em favor do presidente da Renault, deve ser porque ele tem alguma culpa ..." Isso foi o que disse uma parcela da opinião pública francesa e japonesa. É compreensível.

"Não existe fumaça sem fogo..." É uma frase que ouvi dos meus acusadores repetidas vezes. Se os procuradores japoneses me prenderam, é porque eles tinham boas razões para fazê-lo. Mas é mentira. No teatro, quando se quer criar o efeito de fumaça, não se acende uma fogueira. Aqui é a mesma coisa: sou vítima de um complô que é uma peça teatral, um show, com um roteiro previamente escrito.

E não posso contar com meus advogados japoneses para levantar meu moral! Go Kondo não me inspira confiança. Percebi várias vezes que ele estava mentindo. Já Otsuru é um derrotista e não me propõe nenhuma solução verdadeira, nenhuma forma de atacar. Sua estratégia consiste unicamente em tentar evitar o pior. Como tática, é um pouco fraca!

Vejo que ele tem medo dos procuradores. Não ouso lhe dizer porque temo que ele se sentirá ofendido, mas, por vezes, suas ideias me deixam abismado. Quando ele se opõe a um procurador — o que deveria ser uma coisa óbvia e constante para um advogado de defesa —, ele se vangloria enfaticamente: "O senhor viu como falei com ele?"

Ele acredita ser um ato de grande coragem!

Tenho a impressão de ter dois procuradores diante de mim: o oficial, que me persegue tentando achar segredos que não existem, e meu advogado, que não se esforça muito para me tirar da prisão. Esse é o problema de Otsuru: sendo ex-procurador, ele foi tão condicionado pelo sistema que, quando desempenha outro papel, sofre terrivelmente. Sofrimento compensado pelo dinheiro que ele ganha, não esqueçamos.

Quando ouço ele dizer que conhece Saikawa e se encontra com ele, minha confiança nele se evapora por completo. Se ele me dá essa informação, é porque algum jornalista ameaçou revelar tal ligação.

"Eu preferia que você tivesse me dito isso antes de começarmos a trabalhar juntos", disse eu, muito contrariado.

Ele balbuciou algumas palavras em japonês, balançando a mão. Para ele, nada disso tem muita importância...

Otsuru continua sem me prometer nada de positivo e sem ter qualquer esperança de liberdade condicional. Além disso, ele me critica por ter falado com jornalistas. Não vejo mais razão para continuar a trabalhar com ele e sua equipe, e começo a duvidar seriamente das escolhas feitas pela Renault. Se eles queriam me prejudicar, trilharam o caminho certo.

Certo dia, Otsuru me faz a proposta que marcará o fim da nossa colaboração: "Sr. Ghosn, seria melhor o senhor confessar. No dia do processo, diremos que o senhor o fez exclusivamente para sair da prisão..."

Esqueci de dizer que, quando ele era procurador, Otsuru era conhecido como "o confessor", em razão de sua habilidade em convencer os mais relutantes. Comigo ele fracassou.

Depois dessa reunião memorável, Otsuru declara à imprensa que ele "se retirou do caso". Os jornais franceses dão a manchete: Carlos Ghosn abandonado por seus advogados. O subtexto é: "Todos o abandonam." Eu não esperava menos. Mas a realidade é completamente diferente. Decidi virar a página, não estando mais convencido de que a linha de defesa de Otsuru me proporcionaria qualquer perspectiva. Se as únicas pessoas que trabalham para me inocentar me dão a impressão de não saber aonde vão e não têm uma estratégia, é inútil continuar com elas.

Sem contar que existem sérios problemas de comunicação entre meu filho Anthony e Otsuru, que quer tomar conta de tudo sem intervenções externas. Meu filho tentou mais de uma vez me passar mensagens por ele, mensagens que jamais recebi. Desesperado, Anthony conseguiu estabelecer um contato com Kim, a intérprete norte-americana, que agora pode transmitir a ele o conteúdo das minhas reuniões com meus advogados japoneses. Graças a ela, pude receber as mensagens do meu filho. Ela também informa Carole sobre o meu estado de saúde física e psicológica. Suponho que minha mulher fica mais tranquila ao receber uma visão feminina, e mais sensível, da situação.

Portanto, dispensei minha equipe de advogados. Devo reconhecer que quando disse a Otsuru que, naquelas condições, seria melhor pararmos, ele ficou pouco surpreso e foi muito profissional. Ele me respondeu: "Boa sorte e coragem!" Depois, falando aos jornalistas que lhe questionavam a respeito da nossa "ruptura", não deu nenhuma resposta prejudicial a mim.

A justiça, no Japão, é organizada de tal forma que um suspeito deve se declarar culpado e, depois, esperar a clemência dos juízes. É o que me propunha Otsuru. Mas recuso a colocar minha vida, minha honra e meu futuro nas mãos de um homem que pensava que eu iria confessar algo que não fiz. Mesmo que tenha sido apenas por pura estratégia.

*
* *

No começo de fevereiro, é marcado um encontro na prisão com minhas filhas Nadine e Maya. Apesar dos potenciais riscos, elas não hesitam em fazer a viagem. "Pai, estamos indo...", escreveram elas, e meu coração saltou no peito quando li essas palavras.

Há quase três meses estou afastado da minha família e sinto falta de todos, já não aguento mais. A perspectiva de rever minhas duas filhas neste lugar, por trás de um vidro, me perturba. Imagino que Nadine e Maya, por sua vez, receiam o momento em que surgirei cansado e emagrecido. Da última vez que nos vimos, eu era um executivo conhecido, tomado pelo meu trabalho, mas disponível para elas e sempre livre para me deslocar para onde quisesse. Aqui, elas sabem que me verão "enjaulado", cercado de guardas, e que tudo o que dissermos será gravado.

Foi difícil me controlar quando vi o rosto delas preocupado. Estou diante das minhas filhas, que choram e ficam de mãos dadas, terrivelmente chocadas por me verem em uma situação tão ruim. A imagem concreta da degradação do pai. É um choque. No primeiro dia, eu as consolo. No segundo dia, elas se sentem um pouco melhor e sorriem para mim. No terceiro dia e nos seguintes, me perguntam o que podem fazer para me ajudar. Pouco a pouco, recuperam a coragem, a alegria.

Apesar das circunstâncias e das condições horrorosas, reencontro minhas queridas filhas e elas estão como sempre foram: atenciosas, amorosas, cheias de pequenos cuidados para comigo — nas palavras, já que os gestos de afeto são proibidos. Não percebo incômodo nem crítica em seus olhos. Nada mudou entre nós. Um pai, mesmo que enfraquecido, continua sendo um pai.

O regime prisional não me fez bem. Estou esgotado, diminuído, mas não humilhado nem indigno. Se você é culpado de alguma coisa e é preso, você se sente envergonhado diante dos familiares e ainda mais diante de seus filhos. Mas não tenho esse sentimento porque sei que armaram um complô contra mim. Minha única culpa foi não ter previsto toda essa situação.

Apesar de tudo, me sinto mal de ver quanto elas sofrem por minha causa. A única maneira de lhes atenuar o sofrimento e lhes dar mais esperança é mostrando o pai delas não é um animal a caminho do matadouro.

No entanto, em pouco tempo recebo más notícias. É uma verdadeira ducha de água fria: por meio dos embaixadores, fico sabendo que Hari Nada, meu chefe de gabinete na Nissan, montou um dossiê de quatrocentas páginas contra mim. Quatrocentas páginas! Como Saikawa, ele trabalhava escondido havia meses para me derrubar.

Fico abatido, mas a traição de Nada não me surpreende de maneira extraordinária. Se Saikawa me acusa com tanta força, imagino que outros também participem do golpe. No Japão há uma cultura de comunidade e de equipe, primeiro as pessoas se reúnem para combinar tudo e depois atacam. Atacam em bando. Quando o chefe toma a iniciativa, a matilha segue atrás.

A trama contra mim fica mais e mais evidente.

Mas não desconfiei de nada... Um mês antes da minha prisão, no último mês de outubro, a responsável por nossa casa em Beirute recebeu uma visita de Hari Nada, que queria lhe fazer algumas perguntas. Tendo achado estranho, ela me relatou essa conversa. Ele fez o mesmo no meu apartamento no Rio de Janeiro. Falando com minha assistente, fingiu estar com a mão machucada e, aparentemente impossibilitado de fazer anotações escritas, gravou a conversa. Ela também achou isso muito estranho. Hari Nada tinha dado como pretexto que estava fazendo uma auditoria para se assegurar de que a contabilidade relativa à compra e à manutenção do apartamento correspondia bem aos relatórios que eram enviados regularmente, para o caso de me acusarem de fazer despesas excessivas... Um vigilante da moralidade dos outros, de certa forma.

Para não chamar a atenção e me deixar surpreso com o fato de ter entrado em meu apartamento, ele conseguiu encaixar outras viagens e reuniões que não tinham nada a ver comigo. Repito: Hari Nada era meu homem de confiança e trabalhava muito próximo a mim. Na Nissan, a margem de manobra dos executivos superiores era muito ampla, razão pela qual eu não perdia meu tempo verificando o que eles faziam. Além disso, havia outras equipes para supervisionar, na Renault e na Mitsubishi. Eu teria que ser muito paranoico para desconfiar que meu chefe de gabinete estava preparando um golpe sujo contra mim.

Carole

Como elas vinham de longe para ver o pai, a administração de Kosuge concedeu a Maya e Nadine uma visitação diária de meia hora e durante uma semana. Assim que saem do centro de detenção, elas me ligam e dão notícias do pai para toda a família. Ouvindo as palavras delas, sinto que estão ao mesmo tempo felizes e angustiadas por vê-lo naquele estado.

Carlos sempre foi um pilar para seus filhos. E ele os aconselha, ajuda, conduz. Tudo que pode fazer por eles, ele faz. Sua prisão os magoa duplamente: ela os priva de sua presença e mancha a imagem dele. Imagino quanto a visão do pai maltratado e difamado pode ofendê-los. Eles sempre viram o pai como um homem forte, batalhador, respeitado.

Meus dias fluem ao ritmo das ligações de Nadine e Maya, dos diplomatas, dos advogados e das atividades que conduzo para atrair a atenção da mídia a respeito de Carlos. Cada vez que o difamam na imprensa, que o tratam como "ditador, homem narcisista, que despreza seu meio", retifico essa imagem que não o representa. Carlos não é esse homem.

Dizem que ele é ganancioso, mas, há alguns anos, quando a General Motors o chamou para recuperar a empresa, oferecendo a ele muito mais do que a Nissan pagava, ele recusou para terminar o trabalho que tinha desenvolvido com a Aliança. Como um bom capitão de navio. E as águas nas quais ele navegava naquela época não eram das mais calmas...

Na vida privada ou no trabalho, Carlos é respeitoso e atencioso com os outros: não importava o cargo ou a hierarquia, nunca o vi desprezar quem quer que fosse. Se fosse tão distante e indiferente com seus empregados, teria imposto cotas na Nissan a fim de abrir espaço para que mulheres tivessem acesso a cargos de chefia? Isso era algo inédito no Japão. No que diz respeito à gestão, a Nissan era a empresa com maior presença feminina de toda a indústria japonesa. Ele me falava muito disso porque se orgulhava e sabia que o assunto me interessava. Na Renault, sei que suas assistentes gostavam muito dele. Elas me diziam que tinham aprendido muito com meu marido, que ele era o melhor chefe que tiveram... Então, por que essa imagem tão dura sendo divulgada?

Anne Méaux pediu que eu voltasse a Paris para dar uma entrevista ao jornal *Le Figaro*. A entrevista será em francês, o que me deixa preocupada. Sempre tenho medo de não ser tão precisa no meu vocabulário. Sinto-me como uma garotinha que vai fazer uma prova. Então, tarde da noite anterior, antes de dormir, fico treinando meu francês, minha pronúncia. Na medida do possível, Anne me orienta e me tranquiliza.

No artigo do *Figaro*, menciono uma carta que Carlos ditou a um dos advogados para mim e onde ele escreveu a seguinte frase: *Eu não dou muita atenção ao que ocorre ao meu redor, eu vivo dentro de mim mesmo.*

Sem dúvida, ele quer me dizer que está se protegendo de seu contexto deprimente, da agressividade do procurador, da série de acusações, mas essas palavras me entristecem. Posso sentir a solidão dele e tudo que ele tem vivido.

Às vezes, sinto que vou sucumbir e é o rosto dele, o sorriso dele, as palavras dele que me erguem e me fazem recomeçar, dia após dia. É a fúria que me mantém de pé. A injustiça sempre me faz reagir e, desta vez, ela atingiu o homem que eu amo, um inocente que está sendo maltratado e confinado sem que ninguém seja punido.

*
* *

É possível que, após semanas de dúvida, duas boas notícias cheguem ao mesmo tempo? Eu já estava achando que a sorte tinha nos abandonado...

Nos últimos dias de fevereiro, o juiz me avisa que posso ver Carlos por meia hora durante uma semana. Então, posso ir ao Japão em total segurança. Isso é maravilhoso!

E, principalmente — é até difícil acreditar —, a nova equipe de advogados obteve sua primeira vitória: a liberdade condicional de Carlos. Se tudo der certo, ele deve sair da prisão no início de março.

Achei que esse milagre só poderia acontecer com uma ajudinha do céu, então pedi a meus amigos que rezassem por Carlos na mesquita, na igreja, na sinagoga, no templo tibetano... Todos atenderam ao meu pedido e deu certo!

São só mais uns dias, e estaremos juntos. É tão bonito — e tão inesperado — que, apesar de tudo, uma ligeira dúvida perdura. Tento afugentá-la, mas ela permanece. Será que tudo vai ser cancelado de última hora? Com os juízes japoneses, especialistas em fazer promessas não cumpridas, aprendi a desconfiar.

Comprei minha passagem para Tóquio.

Antes de partir, pergunto ao meu advogado sobre os riscos de ser presa lá. O procurador poderia estar montando uma armadilha para mim? Ele me responde que não deveria haver problemas, mas, com aquele sistema judiciário, era impossível prever. Decido ignorar essa hipótese. Não importa. Com risco ou não, preciso ver meu marido. O embaixador Pic me garante que vai correr tudo bem.

Caroline, a filha mais velha de Carlos, e Nicolas, marido dela, vieram dos Estados Unidos para que eu não ficasse sozinha em Tóquio. No carro que nos leva até Kosuge, no nordeste da cidade, vejo as primeiras placas que mostram estarmos perto da prisão. E, de repente, lá está ela, na nossa frente, a imensa massa cinza constituída de várias construções em forma de cruz cujas fachadas parecem armários com nichos minúsculos. Carlos está atrás desses muros. Eu tremo.

Assim que saímos do carro, somos cercados por guardas e levados para o interior da prisão. Reconheço, à minha esquerda, a pequena mercearia mencionada em uma das cartas de Carlos, onde ele compra suas frutas.

No corredor que pegamos para chegar à sala de espera, há famílias com filhos. Meu olhar se demora sobre eles. Os homens têm tatuagens nos braços, no pescoço e, alguns, inscrições no rosto. No Japão, somente os yakusas, integrantes da máfia, marcam-se assim. Vou andando ao lado deles, sem conseguir tirar os olhos das crianças, que parecem muito sérias. Quem elas estão indo visitar? Um pai? Um irmão?

Sinto uma vertigem. Enfrentei treze horas de voo por um motivo, mas não consigo deixar de me perguntar onde estou e que dimensão é essa. Não sou japonesa, não conheço essas pessoas, não entendo o que dizem, mas estou ali, compartilhando o mesmo espaço, a mesma esperança, os mesmos medos. E, claro, a mesma alegria que eles sentem ao ver o ser amado nos aguardando.

Desde que entrei em Kosuge, não parei de tremer de frio. Tudo é calmo, limpo, o piso dos corredores brilha, mas, no ar, sinto uma espécie de odor de sofrimento e morte. Subimos até o décimo andar, precedidos por um guarda que me faz entrar em um cômodo dividido em dois por um vidro. Caroline faz a gentileza de me deixar sozinha com Carlos. Ela se juntará a mim em seguida.

Alguns segundos depois, Carlos entra no cômodo, de frente para mim, supervisionado por dois guardas. Ele está com uma calça e um suéter que eram dele mesmo e, nos pés, as tais alpargatas verdes dos prisioneiros. A primeira coisa que me salta aos olhos é a cor do rosto dele, das mãos dele. Estão muito amarelos. Seus cabelos estão mais longos que de costume e ficaram um pouco mais grisalhos. Seus olhos estão cansados, com olheiras.

Prometi para mim mesma que não choraria, mas vê-lo daquele jeito é um grande choque! Mordo os lábios, respiro fundo. Ele não pode perceber, na minha expressão, a dor que estou sentindo. Tive o cuidado de me pentear bem, de me maquiar, e estou usando uma blusa nova. Quero estar bonita para ele, sorridente, otimista. Mas, por dentro, há uma Carole de sentimentos divergentes: estou feliz de ver meu marido, mas ressentida por ele estar com aquele aspecto — além de não poder abraçá-lo.

Carlos mergulhou os olhos nos meus e seu sorriso se alargou. Sabendo que nosso tempo vai passar rápido, ele fica nervoso e fala com pressa. Parece tão feliz de me ver que esqueço minha própria felicidade de enfim estar ali. Ele coloca a mão no vidro e eu aproximo a minha, "palma com palma", como Romeu e Julieta.

— Tenho muita sorte de ter amor na vida, de ser apaixonado — murmura. — Tive medo de perder você...

— Me perder? Mas por que está dizendo isso?

— Porque eu perdi tudo...

Meus olhos se enchem de lágrimas. Digo que eu o amo. Nós nos olhamos talvez como nunca antes. É um dos momentos mais intensos que vivi com ele. Um momento de comunhão absoluta, ainda mais forte do que se tivéssemos podido nos tocar.

Carlos pede notícias de minha família, de meus filhos, pergunta como está minha vida, quem eu encontro em Beirute. Eu e ele falamos em inglês, a língua que nos obrigaram a usar para que os guardas entendam o que dizemos. De cabeça baixa, eles anotam cuidadosamente cada palavra dita.

Conto sobre todas as pessoas que o têm apoiado, que escrevem dizendo para que ele aguente firme, que estão rezando por ele, que nossos amigos próximos redigiram cartas em sua defesa dele.

— Carlos, todo mundo ama você, todo mundo está do seu lado. Você vai sair em breve, eu juro, eu sinto... — digo, olhando-o direto nos olhos.

Ele sorri com um ar descrente.

— Prefiro não pensar nisso. Não quero decepcionar você de novo.

— Eu sei, mas seus novos advogados estão cuidando disso e estão muito confiantes. Takano me prometeu que você sairia...

— Eu espero...

Fico preocupada com a saúde dele, com o aspecto de sua pele, com sua alimentação, mas ele evita minhas perguntas e diz que seus guardas são gentis, que ele é bem tratado, que a prisão é limpa etc. Entendo que ele não pode falar de suas condições de detenção.

— Tenho muito orgulho de você — diz ele de repente, arrancando os sorrisos mais amorosos de mim. — Sabe, me deram o artigo da *Paris Match* e coloquei sua foto na parede, perto da minha cama...

Eu arregalo os olhos, espantada que tenham lhe feito esse favor. Ele conta que tem o direito de guardar fotos em sua cela. Ainda bem, porque Caroline trouxe uma dezena. Eu sorrio para ele cada vez mais. Sinto que os minutos estão passando, que em breve teremos de nos separar.

Caroline e Nicolas se aproximam. Carlos pede a eles que resolvam vários problemas administrativos, para cuidar disso e daquilo... Caroline anota. Estamos os três inclinados na direção de Carlos para reduzir a distância, o frio daquela parede de vidro. Enquanto eles conversam, eu olho para ele intensamente: seu rosto está mais magro, mas sua voz é forte, harmoniosa. Durante alguns minutos, ele, que perdeu tudo, como ele mesmo disse, volta a ser um pai, um líder, e é ouvido. Fico imaginando que ele deva se sentir bem de reassumir seu lugar junto da filha.

Instruções dadas, eles conversam sobre vários assuntos. De repente, Carlos pronuncia esta frase, que eu nunca esquecerei:

— Quando fui trazido para cá, me perguntei por que não morri no dia 19 de novembro... Depois entendi que, de certa forma, ganhei outra chance de viver, de ver a realidade do que aconteceu e do que realmente importa.

Ele se cala por um instante e olha para mim.

— Nós tínhamos uma linda vida juntos, Carole, mas eu talvez nem me desse conta disso. Agora, vou apreciar a vida como nunca...

Como segurar a emoção? Fico abalada. Há tanta esperança em suas palavras! Ele não só tem lutado no dia a dia, como tem imaginado o futuro. Ele vê a luz no fim do túnel de que tanto falo nas minhas cartas.

Os trinta minutos se passaram como um raio. É torturante retirar meus olhos dos dele, e preciso me levantar da cadeira para deixá-lo ir. Minhas últimas palavras de amor o acompanham e seus olhos me respondem antes que o silêncio volte a nos rodear.

Voltamos ao hotel. A visita me extenuou, esvaziou. Tive a impressão de ter sentido tudo ao mesmo tempo, alegria, tristeza, felicidade, raiva, medo, em intensidade máxima. As lágrimas que segurei na frente de Carlos agora correm, meu nervosismo se liberta. Caroline gostaria que eu passeasse com eles em Tóquio, mas não tenho energia. Quero ficar no quarto e pensar de novo no rosto do meu marido, em seu sorriso, em sua voz, em suas palavras de amor. Antes de reencontrá-lo amanhã.

À noite, suas palavras me acompanham. São as mais lindas que ele já me disse: "Carole, eu sabia quanto amava você. Mas, se é possível amar mais, digo: amo você ainda mais que antes..."

Carlos

Desde que fomos separados, Carole me escreveu praticamente todos os dias, afirmando que sempre estaria a meu lado. Dentro de alguns minutos, ela estará aqui comigo, de verdade... Na minha frente, mais precisamente do outro lado do vidro em uma sala de segurança. O juiz nos concedeu meia hora de visita cada dia, durante uma semana.

Algumas horas antes de reencontrá-la, surge uma preocupação. Pergunto-me se esses três meses de separação e sofrimento não a mudaram, se durante todo esse tempo ela não foi influenciada por todos os lados. Entre aqueles que dizem querer seu bem, sempre há alguém que insufla a dúvida com frases do tipo: "Talvez ele só saia da prisão dentro de dez ou quinze anos", "Você deveria tomar algumas precauções" etc.

Com essa provação, descobri a força e a combatividade da minha esposa. Mas a minha pergunta persiste: será que vou reencontrar a pessoa que amo? Não que eu duvide dela, mas, em plena tormenta, na minha situação de extrema vulnerabilidade e de dependência total, eu preciso ser consolado.

Precisei de apenas alguns segundos para ficar tranquilo. Quando a vi sentada do outro lado do vidro, quando nossos olhares se cruzaram, compreendi que ela não tinha mudado e que nosso amor estava ainda mais forte do que antes. Achei que isso fosse possível.

Eu me sento e chego o mais perto que posso do vidro que nos separa. Conheço o rosto dela de cor, mas acho que está ainda mais bonita, muito mais do que em todos os pensamentos que tive a respeito dela durante essas semanas intermináveis. Carole me dá aquele sorriso infantil e bondoso que sempre me encanta. Seus olhos brilham, seus lábios tremem um pouco. Imagino tudo o que deve ter dito a si mesma antes de me ver — "Não devo chorar, ele deve ver que sou forte..." —, e eu a amo ainda mais por fazer todo esse esforço por mim, para me mostrar suas melhores qualidades.

Caroline, minha filha mais velha, também mostrou muito autocontrole. Como aconteceu com as irmãs, ela me vê preso pela primeira vez, e conheço suas expressões, sei que está mantendo a emoção sob controle. Eu me sinto consolado por sua visita, mas não acho prudente que ela volte ao Japão enquanto eu estiver preso. Seki a tinha ameaçado durante os interrogatórios, e, repetindo o que fizeram com Anthony, os procuradores começam a cercar minha filha e a incomodá-la.

Esses procuradores sabem como manchar a reputação de uma pessoa inocente. Ativam suas empresas de comunicação, que publicam matérias acusatórias, e uma simples frase, como "Caroline Ghosn foi ouvida pelo procurador", a transforma em suspeita aos olhos do mundo. Eles sabem disso. Usam e abusam dessas artimanhas.

Sinto orgulho da minha esposa e dos meus filhos. Eles demonstram uma força excepcional. Eu não precisava de todo esse drama para saber disso, e percebo o imenso amor que Carole sente por mim, um amor puro, incondicional, instintivo, quase selvagem. E vejo a determinação fora do normal dos meus filhos, que, para me defender, são atacados e perturbados. Nada lhes é poupado. O mesmo acontece com minhas queridas irmãs, sobretudo Claudine, no Brasil. Tomar o meu partido e insistir na minha inocência as coloca numa situação muito desconfortável, mas nenhuma delas hesitou em fazê-lo.

Apesar de tudo, evito que corram o menor risco por minha causa. Vou pedir aos meus advogados para não expô-los como têm feito. Não quero que sofram mais do que já sofreram. Sei que, se depender delas, suas intervenções não terão limite. As tentativas da justiça japonesa de intimidar minha família são intoleráveis, ainda mais do que o fato de eu estar preso.

O procurador se opôs ao pedido de liberdade condicional feito por meus advogados, o que não me surpreende. Nunca se viu um procurador aceitar um pedido como esse no Japão. Por outro lado, continua o suspense em relação à decisão do juiz. Um suspense ainda maior para mim, que acabo de mudar de advogados. A nova equipe é composta de Junichiro Hironaka, Hiroshi Kawatsu e Takashi Takano, este último reconhecido como especialista em liberdade mediante fiança.

Foi Carole quem me falou sobre Hironaka. Ele veio me ver na prisão e me causou uma boa impressão. Apesar de depender de um intérprete para conversarmos, senti nele uma segurança que não existia nos outros. Sua linha de defesa é clara, compreensível, e começa com uma recusa de colaboração com os procuradores. "Eles não querem encontrar a verdade, mas reforçar as acusações contra o senhor", disse ele, de saída. "Os interrogatórios não tentam compreender o que aconteceu, e sim buscar, em tudo o que o senhor diz, o que pode ser usado contra o senhor."

Eu comprovo todos os dias, durante os interrogatórios. Quando me defendo sobre os pontos que poderiam ser positivos para mim, vejo que o procurador não se interessa. Ele passa imediatamente para outro assunto.

"Tenho esperança de poder tirá-lo da prisão em três semanas", disse Takano. Prometendo me libertar sob fiança tão rapidamente, ele se propôs a ultrapassar um tremendo obstáculo e renova em mim uma esperança que eu já tinha perdido havia muito tempo. Que diferença em relação a Otsuru, que falava de 50% de chance de me libertarem, e isso antes de o processo começar!

Portanto, uma enorme esperança, que me faz temer ainda mais o controle dos procuradores sobre o juiz...

Ah, e como ele demorou a se pronunciar. No Japão, o juiz não impõe suas decisões — primeiro ele pergunta aos advogados o que eles propõem. São eles que têm de imaginar um sistema que levará o juiz a aceitar a liberdade sob fiança. Meus advogados afirmaram que eu me comprometia a não ter um telefone pessoal, a não usar a internet fora do escritório deles, a me submeter a certas restrições. E também pensaram no valor da fiança.

Ela não deve ser muito baixa, porque o juiz a recusará, nem muito alta, porque me colocaria numa situação difícil. Chegamos ao valor de 8 milhões de euros, e o juiz aceitou.

Takashi Takano também propôs ao juiz, que já está de posse do meu passaporte francês, de entregar a ele meus outros passaportes. Quando se viaja sem parar, como eu, somos obrigados a ter vários passaportes e "jogar" com os vistos. Meus passaportes libanês, brasileiro e um segundo passaporte francês estavam no apartamento francês que a Nissan não vasculhou. Carole os recuperou e os enviou a Takano, que os manteve sob sua guarda. Mais tarde, meu advogado me devolveu meu segundo passaporte francês para eu ter um documento de identidade em Tóquio. O que ninguém sabe é que, por segurança — e nem imaginava isso na época —, mantive minha carteira de identidade libanesa.

Quando chegou a informação de que o juiz tinha aceitado o meu pedido, fiquei louco de alegria. Eu saberia pela imprensa que os procuradores não tinham elementos suficientes para justificar uma nova prisão preventiva.* Teriam chegado ao fim suas acusações mentirosas?

Carole e Caroline, que ainda estavam em Tóquio, são avisadas imediatamente e pegam um táxi para vir me encontrar. É indescritível a felicidade que sinto em poder abraçá-las. Antes disso, o mais difícil será sair de Kosuge sem ser seguido pelos jornalistas que esperam, sem falar nos helicópteros dos diversos canais de televisão que já sobrevoam a prisão!

Takano tem a ideia de me "camuflar" com um uniforme e um boné, uma máscara cirúrgica (que todos usam em Tóquio) e óculos de grau. Eu deveria sair discretamente por uma pequena porta, com outros dois trabalhadores, e entrar

---

* lemonde.fr, Reuters, 6 de março de 2019.

num veículo de serviço. Só que, ao chegarmos cercados por policiais, chamamos a atenção e atiçamos a curiosidade de algumas pessoas. Ainda assim, entrei em uma van cinza que logo foi descoberta por parte dos jornalistas e de um helicóptero. Quando ele começou a sobrevoar o veículo, os outros fizeram o mesmo.

A princípio, fui até o escritório dos meus advogados. Lá, eles chamaram um táxi e, juntos, fomos até o subsolo de um grande hotel. Depois, cada um pegou um táxi e me deitei no banco de trás. Estava no terceiro veículo. Alguns jornalistas esperavam na frente do hotel, e eles se separaram para seguir os carros. Depois de alguns momentos, despistamos os que nos seguiam e pude ir para o apartamento que ainda não conhecia.

Doces momentos de reencontro com minha esposa e minha filha mais velha. Temos tantas coisas para nos dizer! Mas, antes, nos olhamos, sorrimos e aproveitamos nosso tempo juntos! Onde ninguém nos ameaça, onde não virão nos separar, onde ninguém se intrometerá entre nós.

Carole

O dr. Takano entrou em contato, comigo e com Caroline, no dia da saída de Carlos, e avisei imediatamente Laurent Pic e Fourat, assistente do embaixador libanês. Decidimos que nos encontraríamos em Kosuge. Devem ser 15h30.

No carro, Laurent Pic brinca e imagina o filme que poderíamos fazer a partir dessa história.

— Quem você imagina no papel de Carlos? — pergunto a ele.

— Não sei... Mas para o meu papel Robert Redford cairia bem, não?

Dou um riso sincero. Eu me sinto leve, feliz. Em alguns minutos, Carlos estará conosco. Nada é mais importante do que esse reencontro.

A uns cem metros da prisão, nosso carro reduz a velocidade. Ao longe, de frente para a entrada, vejo diversos caminhões brancos com antenas, dezenas de câmeras instaladas em tripés, vários jornalistas em cima de escadas e equipes de televisão que se preparam para filmar a saída de Carlos ao vivo. A julgar pelo número de meios de comunicação japoneses e internacionais, é um evento global!

O embaixador da França, que está à frente, vira-se para nós.

— Carole e Caroline, baixem a cabeça para não serem filmadas...

Nosso carro consegue, aos trancos e barrancos, esguei-rar-se até a entrada, e um guarda nos conduz em direção a uma pequena sala de espera. Passa-se uma hora. Carlos já deve estar para sair. De repente, ouvimos barulhos e, através do vidro da porta, vejo um grande grupo de policiais se dirigindo até a saída com passos rápidos.

— Acho que o Papa está com eles — diz Caroline. — Venham!

No tempo que levamos para sair e correr para encontrá--los, o grupo desaparece.

— Carlos saiu — confirma Fourat, aproximando-se de nós. — Acabam de anunciar na televisão japonesa...

Na tela de uma TV, reconheço meu marido usando um boné azul, óculos, uma máscara no rosto e um colete fluorescente sobre sua jaqueta, como os operários daqui.

No céu, ouvem-se helicópteros. Carlos subiu em uma caminhonete cinza, seguida por jornalistas. Esperei um pouco no local. Depois que todos os repórteres, *paparazzi* e outros perseguidores desapareceram, pude ir ao encontro do meu marido.

O apartamento onde Carlos ficará morando até uma data ainda desconhecida fica em Shibuya, um belo bairro de Tóquio. Não foi fácil encontrar uma locação para ele aguardar o julgamento. E essa era uma das condições para que ele saísse da prisão! Como a Nissan tomou seu antigo apartamento, Carlos não tinha mais nada. Na pressa, precisou pedir a seu ex-advogado, Go Kondo, que resolvesse a questão da mudança — contudo, mais uma vez, ele não demonstrou grande eficiência. A operação foi muito cara e muitas coisas de Carlos se perderam.

— Por todos os lados, tenho a sensação de ter sido espezinhado, enganado... — disse Carlos com tristeza.

As agências imobiliárias contatadas para encontrar uma hospedagem para ele nem tentaram fazer a busca — temendo o rebuliço causado pela presença dos jornalistas, ninguém desejava ter Carlos como locatário. De certa forma, consigo entendê-los... Nós não teríamos encontrado se Evelyne, uma francesa que conheci aqui e cujo marido, Tadashi, é um ex-senador japonês, não tivesse alugado para nós um pequeno apartamento dela. Nunca conseguirei agradecê-la o bastante por sua generosidade. Sem ela, não sei como teríamos feito.

O apartamento, de sala, um quarto e uma minúscula cozinha, tem cerca de 40m² e um teto bem baixo. Antes da soltura de Carlos, comprei alguns belos objetos para personalizar o local. Com Caroline, tentei tornar o lugar o mais aconchegante possível.

Estou feliz por estar aqui com ela. Tenho uma conexão muito forte com a filha mais velha de Carlos. Em primeiro lugar, porque é uma ótima pessoa, com grandes qualidades humanas, mas também porque acolheu muito bem a nova companheira de seu pai, e sua atitude amorosa foi determinante em minha relação com os demais irmãos. A mais velha sempre tem influência sobre os outros, desempenha o papel de moderador para acalmar as apreensões dos mais jovens. Quando Nadine, Maya e Anthony me conheceram, viram que o pai deles estava feliz e me acolheram sem grandes restrições.

Caroline e eu chegamos ao apartamento pouco antes de Carlos. Ao primeiro toque da campainha, abri a porta e me aninhei nos braços dele. Ficamos abraçados durante alguns minutos sem dizer uma palavra. Sonhamos tanto com esse momento! Depois, de repente, ele se afastou de mim sorrindo.

— Quer saber? Vou tomar um banho. Um banho QUENTE! Senti tanta falta disso...

Ele deu um beijo em Caroline e correu para o banheiro. Não sei quanto tempo ele ficou lá, mas foram mais do que os quinze minutos permitidos na prisão!

Durante os quatro dias que precederam a saída de Carlos, pensei muito no nosso reencontro, sobre o que ele enfrentou durante três meses, e não consegui não me preocupar. Será que ele estaria mudado, endurecido, talvez amargo? Ou, pior, deprimido e fechado em si mesmo? Mas quando ele me abraça fico tranquila. Ele é o mesmo homem que eu amo, e nosso casamento não será abalado por esse cataclismo. Muito pelo contrário.

Jantamos na sala e passamos a noite conversando, Carlos sentado entre mim e Caroline, os três apertados em um pequeno sofá. Não consigo parar de olhar para meu marido, de tocá-lo, de apertar suas mãos, de acariciar seu rosto, é difícil acreditar que ele está aqui, perto de mim, que vai ficar, que ninguém vai levá-lo embora de novo. Depois do encontro, Caroline voltou para seu hotel. Fiquei sozinha com Carlos, e a noite nos envolveu em seus braços.

Carlos

Nos dias que se seguiram à nossa instalação em Shibuya, contratei uma empresa para verificar se o pequeno apartamento de dois cômodos não estava repleto de microfones. Ela não achou nenhum. Mas não me iludo: pode haver escutas a distância e sei que meu celular está grampeado, uma vez que o juiz e os procuradores têm o meu número. (Depois de ter apreendido meu celular, o juiz me deu um velho telefone japonês sem acesso à internet.) Aliás, quando alguém me liga, para que fique tudo esclarecido desde o começo, digo ao interlocutor: "Você sabe que somos muitos nesta linha?"

De qualquer forma, desconhecendo a que ponto chega a vigilância à qual estou submetido, agi e falei como se estivesse sendo permanentemente vigiado durante todo esse período de semiliberdade.

O que é praticamente a verdade! Entre as restrições ligadas à liberdade condicional, o juiz impôs uma câmera em nosso corredor de entrada, para saber quem me visita, a hora em que chega e quando vai embora. Quando saímos, somos seguidos na rua por homens que, suponho, trabalham para o procurador e nem mesmo tentam se esconder.

Apesar de tudo, ainda possuo grande afeição pelos japoneses. A imensa maioria deles não tem nada a ver com o que suporto há quatro meses. A prova está no sorriso ou numa pequena inclinação da cabeça quando cruzo com eles nas ruas, durante meus passeios diários com Carole. De modo geral, os que me reconhecem não exprimem nenhuma hostilidade, e muitos não compreendem o ódio com que sou tratado. *"Gambatte kudasai!"*, dizem a mim com frequência, o que quer dizer "Aguente". Fico muito emocionado.

Eu me apaixonei pelo Japão, e gosto até hoje do país e de seus habitantes. Gosto da sua disciplina, organização e gentileza. No trabalho — já que foi principalmente na empresa que convivi com eles —, essas qualidades tornam tudo mais agradável. Eu me reconheço nesses valores. Eles têm um senso muito desenvolvido de comunidade. Suas cidades são limpas, as ruas e os lugares privados sempre impecáveis. Gosto da comida, é claro, e sou sensível à arte japonesa, uma mistura de simplicidade e refinamento.

Quando cheguei ao Japão, há quase 20 anos, fiquei impressionado com a limpeza e segurança das ruas! Passeando por Tóquio, não consigo deixar de pensar em Seki e em todos os procuradores que repetem sem parar que, se o país oferece tamanha segurança aos seus cidadãos, é porque a justiça é muito severa com delinquentes, criminosos e todos os que ameaçam a sociedade. E porque a pena de morte existe.

Não creio que sejam essas as verdadeiras razões. Se o Japão é um país seguro e limpo, é porque, para eles, isso é responsabilidade de todos. Exatamente como na Suíça, onde os habitantes consideram que a segurança e a limpeza são de sua responsabilidade individual.

No mundo, há vários países em que os sistemas judiciário e carcerário são ferozes, mas isso não basta para reduzir a violência! A cidadania e a participação popular são os elementos fundamentais da segurança de um bairro. E sua polícia é poderosa porque conta com o apoio da população, nada mais.

Minha primeira experiência com o Japão aconteceu de forma auspiciosa. Durante os primeiros anos em que estive lá, entre 2001 e 2006, o país era governado pelo primeiro-ministro Junichiro Koizumi, um homem autêntico e notável que trabalhou incansavelmente pela abertura de seu país. Em seguida, os nacionalistas chegaram ao poder com Shinzo Abe, e tudo ficou tenso, fechado.

Atualmente conheço uma face do Japão que não é a melhor... A partir do meu interesse por história antiga — além da Segunda Guerra Mundial —, soube que os japoneses podiam cometer massacres, torturas e traições. Agora, me tratam com uma violência inaudita, querem me difamar diante do povo japonês e do mundo todo. Querem me destruir.

Durante 17 anos, fui apresentado como modelo de executivo, o salvador da Nissan, um herói, um ícone. Então, do nada me prendem no aeroporto sob pretextos incompreensíveis e me jogam na prisão como um terrorista! Eu me pergunto o que o público japonês, que até então só lia e ouvia palavras elogiosas a meu respeito, concluiu dessa história ao descobrir por meio da mídia aquilo que estavam mostrando.

Pode-se dizer que os jornalistas, bem "alimentados" pelos procuradores e a Nissan para escreverem suas matérias, não me pouparam! Ao lê-los tenho a impressão de que eu organizava minhas "negociatas" num canto, sem que ninguém me impedisse. Como se a Nissan fosse uma pequena empresa, quando na verdade é cotada na Bolsa de Tóquio e na Bolsa de Nova York, emprega 260 mil pessoas, é submetida a todo tipo de regulamentação e esquadrinhada por contadores, auditores internos e múltiplos auditores externos.

Virei um homem isolado, um "ditador ganancioso", da noite para o dia... Fico surpreso que os meus colaboradores japoneses mais próximos, com quem eu tinha boas relações profissionais e que nunca se queixaram de mim durante os 17 anos em que exerci a direção geral, tenham concordado com esse retrato pouco elogioso. Seja como for, nenhum deles se manifestou. Seguiram o movimento com a passividade, o fatalismo e o medo de se destacar — que não são as melhores qualidades da cultura japonesa.

*
* *

Em Shibuya, reaprendo os gestos da liberdade.

Depois de 108 dias preso, cada prazer reencontrado, mesmo o mais insignificante, parece ficar dez vezes mais intenso: tomar um banho quente sem limite de tempo e sem vigilância, me secar numa toalha de banho grande e macia, tomar um café forte, comer frutas frescas, passear ao ar livre com os olhos fixos no horizonte, descobrir os primeiros sinais da primavera e as flores cor-de-rosa das cerejeiras, sentir o calor do sol na testa...

Com Carole posso ir aonde quisermos na cidade. Para sair daqui e passar um fim de semana pelos arredores, ir até o campo, a Kyoto, preciso de autorização do juiz. Devo dizer aonde e com quem vou e quanto tempo ficarei. Nunca houve recusa.

Em 9 de março, minhas três filhas se juntam a nós durante alguns dias. Festejamos os meus 65 anos no hotel onde elas se hospedam, longe dos olhares estranhos. Tenho comigo uma boa parte da minha linha de defesa mais sólida, mais confiável, e com tanto calor humano! Tudo o que me faltava. Junto delas, volto às minhas origens, retomo o fôlego. Tenho a impressão de reviver.

Minha mão não deixa mais a de Carole, não nos separamos nem por um minuto, ávidos para viver plenamente esses dias de paz e amor. Nunca estivemos tão juntos um do outro.

Mas os jornalistas não levaram muito tempo para descobrir nosso endereço, e, desde então, passam uma parte do dia nos vigiando. Quando chego à janela, vejo as câmeras se levantarem na minha direção, e ao sair com Carole parece um atropelo. Eles se enfiam entre nós dois, nos impedindo, de forma muito agressiva, de chegar até o nosso carro.

Nos primeiros dias, uma multidão se forma diante da nossa casa. Mais de cem pessoas. Depois de duas semanas, vendo que não dou entrevistas ou faço comentários, eles se cansam de ficar parados por ali e desaparecem. A partir daí, circulamos mais livremente, mas sempre observados de perto por alguns seguidores. No início, eu mal os notava. Eles se escondiam. Algum tempo depois, quando a maioria dos jornalistas se foi, eu os detectei. Mais tarde, descobrirei que trabalham para a empresa Japan Secret Service Inc., que é subcontratada pelo departamento de segurança da Nissan. O que eu ainda ignoro, naquele momento, é que eles fazem um relatório semanal para os procuradores sobre cada detalhe e cada gesto a meu respeito. Uma nova ilustração, como se ainda fosse necessária, da ligação estreita entre eles e a Nissan.

Se quisermos falar de abuso de bens sociais, soube que os cofres da Nissan financiavam as pesquisas e exigências dos procuradores japoneses. Dessa forma, os acionistas da Nissan foram forçados a contribuir, sem serem consultados, com montantes muito maiores do que aqueles que eu supostamente tinha dilapidado.

*
* *

A maior parte do meu tempo é dedicada aos meus advogados. Vou ao escritório deles quase todos os dias. Lá, Hironaka me cedeu uma mesa na qual posso consultar a internet, me comunicar com meus filhos e minha família. Tudo sob controle, já que meu computador é vigiado pelo juiz. Uma assistente-tradutora me ajuda em meu trabalho de leitura e de pesquisa.

Para que os telefonemas do exterior não perturbem, estabelecemos um programa de trabalho: às segundas e quartas-feiras, falo por videoconferência com meus familiares, minhas irmãs, meus amigos; as terças, quintas e sextas são dedicadas aos meus advogados.

A relação com meus filhos mudou pouco: como faço sempre, procuro saber se eles estão bem, se precisam dos meus conselhos, mas percebo que não dividem tanto os seus problemas. Mostram-se dignos, sólidos e sorridentes, fazendo tudo para evitar que eu tenha mais preocupações e razões para ficar estressado.

Quando estou no escritório, evito ler a imprensa francesa. De que adianta, se não posso responder às afirmações mentirosas e às especulações? Mesmo quando trabalhava eu não a lia, nem mesmo as entrevistas que dava. Meus assistentes faziam um *clipping* e chamavam minha atenção para este ou aquele artigo importante, do qual eu deveria ser informado. Fora isso, lia artigos relacionados com a economia ou a indústria automobilística, mas nada que mencionasse algo sobre mim. As decisões no meu trabalho eram muito complicadas, e eu não queria ser perturbado pelo "barulho" da mídia e de seus comentaristas. Eu tinha objetivos em mente.

Minhas relações com a nova equipe de advogados são muito diferentes das que eu tinha com a primeira: confio neles porque sei que lutam há muito tempo contra o sistema japonês de fazer reféns. "Não é digno da nossa cultura...", disse Hironaka. Eles têm convicções e, por intermédio do meu caso, que lhes confere um pouco mais de visibilidade, esperam fazer com que o sistema judiciário evolua.

Na imprensa japonesa, as calúnias e maquinações a meu respeito não pararam depois da minha libertação — pelo contrário. Depois de algum tempo, diante da onda de ataques contra mim, decido dar uma coletiva na Casa da Imprensa Internacional, para expor minha versão dos fatos e desmontar as acusações. Dessa vez, a verdade será dita e serão obrigados a me ouvir. Com meus advogados, definimos a data: 11 de abril de 2019.

Há quase cinco meses minha reputação e minha integridade são manchadas sem que eu possa me defender. É um verdadeiro bombardeio midiático, organizado, de um lado, pela Nissan, os procuradores e suas equipes de comunicação na França, e do outro, mais sutil, pelo Estado francês e seus representantes na Renault. Eles envenenaram a opinião pública. Quero que minha família e os que confiam em mim saibam que não sou como as matérias descrevem e que não fiz aquilo de que me acusam. Ou, se fiz, quero poder me explicar e justificar.

A data da coletiva de imprensa foi anunciada em 3 de abril na minha conta no Twitter, criada para tal ocasião. A reação da procuradoria de Tóquio é imediata.

Carole

Finalmente, Carlos e eu entendemos as piadinhas sobre a vida dos presos domiciliares. Bastaram 48 horas para os jornalistas descobrirem onde estamos morando. Assim que abrimos a porta, eles se precipitam sobre nós na tentativa de arrancar algumas palavras de Carlos:

— Inocente? Inocente? — gritam, esperando uma reação dele.

Eles aproximam o microfone e a câmera na direção dele e me afastam sem qualquer cerimônia. Um dia, durante o tumulto, fui derrubada na calçada. É claro que Carlos se recusou a dar qualquer entrevista, ainda mais nessas condições. É comum darmos meia-volta e retornarmos para dentro de casa, decepcionados. Os únicos lugares onde nos deixam um pouco tranquilos são os restaurantes dos hotéis, porque os veículos de imprensa são proibidos de entrar.

Um dia fomos a um supermercado e notamos jornalistas aguardando a nossa saída. Percebendo nossa irritação, uma delas, com mais empatia do que os colegas, se aproximou de mim.

— Sra. Ghosn, saia e diga algo. Talvez meus colegas parem de importunar vocês...

Aceito o conselho de bom grado para dar fim a esse assédio ininterrupto.

— Deixem-nos em paz e respeitem nossa vida privada — disse eu. — Queremos ficar a sós agora... Obrigada.

Ingênua, achei que nos dariam uma trégua. Mas, no dia seguinte, estavam novamente à espreita, à nossa porta, no nosso encalço.

Às vezes, enquanto passeamos, alguns japoneses reconhecem Carlos, se aproximam e dizem, em inglês: "Sentimos muito pela forma como nosso país trata o senhor...", "Gostamos do senhor, respeitamos o senhor..." e "Não deixe de amar o Japão por isso...". Outros falam em japonês. Talvez estejam manifestando sua hostilidade, mas, como não entendemos nada, damos um sorriso simpático e nos afastamos.

Vou com Carlos todos os dias de manhã ao escritório de seus advogados. As primeiras pessoas com as quais esbarramos ao sair da casa são dois homens que vestem um sobretudo — os seguranças. Parecem nos alertar, para o caso de termos esquecido, de que estão ali, nos vigiando.

À noite, depois de fazer algumas compras, voltamos para casa, faço o jantar e vemos filmes. No nosso pequeníssimo apartamento, é como se estivéssemos brincando de recém-casados! Compramos duas bicicletas para nos locomovermos pela cidade. De capacete e óculos, ninguém nos reconhece. São os únicos momentos de relativa liberdade, além dos passeios de fim de semana.

Levamos uma vida simples, aconchegados em nós mesmos, cuja única felicidade verdadeira é estarmos juntos. É só isso que nos importa. Eu não desgrudo mais de Carlos. Nesse país que se tornou tão hostil para nós, quero estar ao lado dele se algo desagradável acontecer. Até hoje, nunca tínhamos passado tanto tempo juntos, sem sair de perto um do outro nem por um segundo. Eu sabia que nos dávamos bem, mas agora é diferente. Estamos em um estado de fusão que nos encanta e nunca nos cansa. Apesar da ansiedade que o enlaça, Carlos é gentil, atencioso, romântico, e sinto vontade de cuidar dele.

Evelyne e o marido, que são nossos vizinhos diretos no imóvel, são as únicas pessoas de confiança. Ela costuma me levar às lojas para fazer compras e me apresenta ao bairro. Poucas pessoas falam inglês em Tóquio, então preciso dela para que eu seja compreendida.

Mesmo que eu tente esquecer a ameaça que paira sobre nós, ela ocupa toda a superfície da minha pele. Um dia, no fim da tarde, noto que esqueci de pegar um produto no supermercado e saio para comprá-lo às pressas, antes que as portas se fechem. No caminho, percebo que deixei meu telefone em casa. Esse esquecimento, que seria irrelevante em outras circunstâncias, me deixa uma pilha de nervos. Dou meia-volta e retorno correndo como uma louca, imaginando os piores cenários. Pareço uma mãe que deixou o bebê sozinho! Até aquele momento, Carlos sempre tinha me protegido. Agora, eu me sinto responsável por ele.

Essa situação me faz pensar novamente nas palavras ditas pelo meu marido quando nos conhecemos. Ele prometeu me proporcionar "uma vida excitante". É uma promessa incrível porque, nas palavras dele, eu entendia que ele desejava compartilhá-la comigo e que nosso reencontro voltava a lhe dar vontade de viver e ser feliz.

"Uma vida excitante..." O que tenho enfrentado não faz parte dos planos dele para nós dois. Apesar da alegria de estar a seu lado, Carlos me parece sempre preocupado, talvez pelo que tem infligido, contra sua própria vontade, às pessoas que ama. Embora estejamos muito felizes de estarmos juntos, em certos dias é difícil esquecer o beco sem saída em que nossa vida foi parar. Carlos se desculpa a todo momento.

— Me desculpe por isso... Você está sofrendo demais por minha causa.

Ele sempre repetia essas palavras em suas cartas. Agora, perto dele, continuo dando a mesma resposta:

— Carlos, não precisa me pedir desculpas, sei que você é inocente. Estou com você e vamos lutar juntos...

Depois de alguns dias, Carlos sugere procurarmos um apartamento mais espaçoso para que nossos filhos ou nossos amigos de passagem possam ficar para dormir, se quiserem. Com a ajuda do embaixador libanês, conseguimos uma locação no bairro Minato, uma casa de dois andares, simples, mas que dará conta do recado. A previsão é nos mudarmos no dia 10 de abril de 2019. Imagino que aguardaremos a data do julgamento de Carlos nessa nova casa. Mas os procuradores já têm outros planos.

Carlos

No instante em que a campainha toca, imagino que só pode ser o procurador e seus homens. Quem mais visitaria alguém às 5h50?

Na mesma hora, penso em meus advogados. Ontem, estávamos no escritório e eles estavam preocupados. Tinham acabado de ler o *Sankei*, considerado o jornal porta-voz dos procuradores: quando querem comunicar uma informação, chamam primeiro os jornalistas do *Sankei*. De manhã, um dos artigos anunciava minha prisão iminente. Pronto, chegou a hora.

A campainha toca uma segunda vez.

Nós não contávamos com isso, mas o que poderíamos fazer? Os advogados não nos deram instruções especiais. De qualquer maneira, aqui ou em outro lugar, o procurador teria me prendido. Espero que deixem Carole em paz. Ela não é suspeita de nada, e eles não têm o direito de levá-la.

Sempre esqueço que os procuradores japoneses estão acima das leis, que as interpretam e as aplicam como bem lhes aprouver, de maneira seletiva e discriminativa.

Levanto-me da cama e vou abrir a porta.

São eles. Uma dezena de homens e mulheres vestidos com ternos pretos invadem o apartamento. Parecem corvos. Percebemos que eles vêm em grande número para nos impressionar. Reconheço aqueles que a imprensa chama de "Unidade Especial", uma espécie de exército civil que trabalha para a procuradoria japonesa. São jovens advogados que estão sendo treinados para serem futuros procuradores.

Nobuo Gohara, um procurador veterano — que me defendeu dizendo que esse caso era um golpe encenado contra mim, e que nunca tinha visto um espetáculo desse teor — descreve essa Unidade Especial: "Uma gangue jurídica, louca por fama, interessada em gente importante, especializada na arte de derrubar ministros e novas estrelas da política..." Ele mesmo trabalhou dois anos nessa unidade, portanto sabe do que está falando. Hoje, tendo se tornado advogado, ele trabalha ardentemente para que ela seja extinta.

O procurador pede imediatamente que eu desligue a câmera de vigilância. Aquela que o juiz nos obrigou a instalar em nosso apartamento para vigiar·nossas entradas e saídas. Eu me recuso a fazer isso! Não vou correr o risco de depois ser acusado de tê-la desligado!

Aborrecido com a minha resposta, um dos homens de preto improvisa uma tampa de papel, que coloca sobre a objetiva. Agora, podem fazer o que quiserem conosco — o que não me deixa tranquilo. Como profissionais, sabem como amedrontar, criar um clima de pânico, enfraquecer as pessoas, impressioná-las, humilhá-las.

O procurador se aproxima de mim:

— Sr. Ghosn, hoje é quinta-feira, dia 4 de abril de 2019, são seis horas e o senhor está preso. Vista-se, nós vamos levá-lo —, diz em inglês, num tom cortante.

Não pergunto para onde me levam, pois já sei.

— Posso tomar um banho?

— Pode.

Um homem de preto me segue e entra comigo no banheiro.

No outro cômodo, ouço Carole, nervosa, gritando e chorando. Eu me apresso. Sei o que me espera e não estou desamparado. Mas temo por ela, não quero que a machuquem ou que a levem. Eles não podem, não têm o direito.

Visto-me rapidamente e volto para a sala.

Tento aparentar que estou calmo. Por Carole. Ela olha para mim, me interroga com os olhos. Vejo em seu rosto todo seu sofrimento, sua vulnerabilidade, sua angústia. Sorrio para ela para tranquilizá-la e me aproximo.

— Vai dar tudo certo, fique firme, você não corre nenhum risco.

— Eu amo você, Carlos, amo.

Os homens do procurador me pegam pelo braço como um malfeitor qualquer e me levam a toda a velocidade até a garagem do edifício. Reconheço a van com cortinas fechadas que me levou a Kosuge e ao tribunal. Entro. O carro sai. Como sempre, a imprensa foi avisada e os fotógrafos fazem chover flashes sobre nosso comboio. Um bom exemplo da duplicidade, da hipocrisia à qual os procuradores se dedicam: eles me escondem, me levando em uma van, e ao mesmo tempo convocam a imprensa para filmar.

Carole

O silêncio no apartamento foi interrompido pela campainha, que nos fez saltar da cama. Olho para o relógio: 5h50. O horário das prisões, das buscas.

Carlos veste uma roupa e vai abrir a porta. Ao mesmo tempo, pego meu celular, procurando o contato de um de nossos advogados japoneses. Uma vez, duas vezes. Caixa postal. Tento de novo.

Ouço um alvoroço de passos, de fricções de tecido. Alguns homens, talvez uma ou duas mulheres, entram no apartamento em um desfile que parece sem fim, todos vestidos com o mesmo uniforme preto e uma camisa branca. Mesmo visual, mesmo porte, mesmo padrão. Parece o agente Smith do filme *Matrix*, com seus clones. Assustador!

Ao me ver ao telefone, um deles caminha em minha direção, a mão esticada.

— Entregue o telefone. A senhora não tem o direito de fazer ligações... — diz, em um tom firme.

Eu finjo não entender e continuo ligando para nossos advogados, cada vez mais furiosa. Eles disseram que não desligariam o telefone, mas cai direto na caixa postal! O que estão fazendo, caramba?!

No dia anterior, um artigo do *Sankei* anunciava a prisão iminente de meu marido. Então ela foi planejada! Carlos tinha avisado que daria uma coletiva de imprensa para se explicar sobre todas as acusações que vem sofrendo. E hoje ele é preso! Estranha coincidência... Se queriam silenciá-lo, a estratégia não poderia ser outra. Que erro cometemos ao acreditar que podíamos, no Japão, como é comum em outras democracias, expressar-nos com certa liberdade!

Quando questionados por Carlos, que estava preocupado com a perspectiva de ser preso, seus advogados responderam que a informação do jornal poderia ser verdadeira. "Sempre existe o risco. Os procuradores são imprevisíveis...", mas não disseram nada a meu respeito. Foram muito inconsistentes sobre o assunto! Se tivessem nos alertado com mais ênfase, se eu percebesse que poderiam vir atrás de mim, eu teria deixado meus três celulares e o tablet no escritório deles. Agora eles vão apreender tudo!

Uma das silhuetas escuras veio na minha direção e arrancou o celular de minhas mãos. Depois me fez sentar em uma cadeira. Estou vestindo apenas uma calça de pijama e uma blusa curta, meio transparente. Na frente de todos que invadiram nosso pequeno cômodo, fico quase envergonhada de ser vista assim e tento me tapar como posso, com os braços. Durante esse período, Carlos é autorizado a tomar banho e se vestir.

Eu o vejo voltar, perplexa com sua calma, sua dignidade. Nos olhos dele, percebo uma imensa tristeza. Desta vez, ele sabe para onde está sendo levado e o que o aguarda, mas não manifesta nem um pingo de raiva. Permanece muito altivo, de cabeça erguida. Não sei de onde ele tira esse domínio, esse controle absoluto de suas emoções. Temos permissão para nos beijarmos. Eu gostaria de ser tão zen quanto ele, de me manter calma, mas desato a chorar.

— Antes de mais nada, cuide-se — murmura ele, abraçando-me. — Amo você, vai dar tudo certo...

É ele quem está sendo preso e continua se preocupando comigo!

— Amo você, amo, amo, Carlos...

É a única coisa que consigo dizer. E agora? Quando voltarei a vê-lo?

Os representantes do procurador o levam imediatamente. Caminhando em direção à porta de saída, ele pega um livro e um pedaço de chocolate colocado sobre um móvel.

— Solte, não pode levar nada... — ordena um deles.

Não era nada de mais, só um pedaço de chocolate para servir de café da manhã, para alguém que provavelmente passará toda a manhã de estômago vazio. Mas não. Nenhuma humanidade, nenhuma compaixão.

No apartamento, sentada na cadeira, observo a agitação dos representantes, que abrem cada gaveta, cada pasta, de modo metódico. Estão há três horas fazendo a busca. Será que sabem, de fato, o que estão procurando? Fotografam o cartão de visita da minha cabeleireira, do florista do bairro, o caderno em que a faxineira anota suas horas e outros documentos que devem ser, tenho certeza, cruciais para o inquérito! Documentam tudo. E, antes de qualquer outra coisa, as cartas que escrevi para Carlos quando ele estava na prisão, meu tablet e meu computador, que contém várias fotos de meus filhos.

Quando apreendem meu passaporte libanês, o que é ilegal, já que não sou suspeita de nada nem estou sendo presa, reajo com veemência.

— Não podem pegar isso. Eu tenho direitos!

— No Japão é assim... — responde um dos representantes. — Assine aqui!

E me estende um documento escrito em japonês, e não entendo uma palavra. Eu assino — tenho outra opção?

Por sorte, não encontraram meu passaporte norte-americano, que está aos meus pés, na minha bolsa. Quando os vejo levando meu telefone, tento interrompê-los:

— Pelo menos, me deixem ligar para os meus filhos! — peço, quase implorando.

Eles me concederam um minuto para avisá-los. Minha mãe precisa ser tranquilizada urgentemente. Ela já estava preocupada com essa viagem para encontrar Carlos no Japão. Não quero que ela saiba sobre a prisão pela imprensa. Na idade dela, a ansiedade e o estresse podem ser fatais.

O procurador prometeu que devolveria meu telefone. Não só nunca mais o recuperei, como também nunca mais vi sinal do meu computador nem das cartas que escrevi para Carlos. Às vezes, acho que, se o procurador ouviu minhas mensagens de voz e leu minhas mensagens de texto, percebeu que não precisava se aborrecer com as conversas, bem como as piadas e as besteiras, que as duas Marias, May e eu temos todos os dias!

Paro de chorar. Até ostento no rosto um ligeiro sorriso, para mostrar a esses homens que eles não me intimidam. Não lhes darei esse prazer! Sentada na cadeira, aguardo, de pijama, no meio daqueles japoneses de triste figura. Como já ocorrera em Kosuge, eu me pergunto o que estou fazendo aqui. Será que essa é a minha vida? A situação é tão bizarra que eu até acharia graça, se não tivessem levado mais uma vez meu marido. O pesadelo recomeça.

Há quatro horas que estão passando nosso pequeno apartamento no pente-fino. Quando peço para ir ao banheiro, o procurador permite, mas solicita que me revistem e pede a uma mulher da equipe que me acompanhe. Não posso acreditar. O que eu poderia fazer dentro de um banheiro que prejudicasse a investigação? O que posso estar escondendo sob o pijama? Por fim, entro no nosso banheiro minúsculo com a mulher, que observa, de semblante fechado, eu urinar. Eu baixo a cabeça em direção ao chão, e me sinto constrangida, humilhada.

O mesmo acontece quando peço para tomar banho antes de me vestir. Sou obrigada a me lavar com aquela funcionária sem tirar os olhos de mim. Mais uma vez, sinto-me como uma perigosa terrorista. Eu não sou acusada de nada: eles teriam o direito de me fazer passar por aquilo?

Não se faz justiça aterrorizando as pessoas. Não se promove justiça aviltando-as, conduzindo-as por uma coleira. A única coisa que conseguiram é me deixar muito mais agressiva. Já que me tratam assim, não os pouparei mais.

Evelyne e o marido ouviram a agitação em nosso apartamento. Minha amiga toca a campainha e enfia a cabeça pela fresta da porta.

— Carole, o que está havendo? Está tudo bem? — pergunta ela, em francês.

O marido dela interroga os homens do procurador em japonês, surpreso com a violência da abordagem, mas ninguém responde. Em seguida, um advogado da equipe de Hironaka chega e me diz que não sou obrigada a obedecer ao procurador, caso ele queira me conduzir também.

De fato, ao fim da busca, o procurador faz um gesto para que eu me levante e o acompanhe. Ao mesmo tempo, apresenta-me mais um documento escrito em japonês. Ao notar minha hesitação, diz, em um tom piegas:

— Venha comigo, sra. Ghosn. Há jornalistas lá embaixo. Vou proteger a senhora...

Me proteger! Parece piada.

— Não, não, senhor, não vou acompanhá-lo. E não vou assinar um documento em um idioma que não entendo. A forma como estão me tratando contraria os direitos humanos, e o senhor sabe disso. Quando eu sair daqui, vou contar isso para o mundo todo...

Minhas palavras transfiguram a expressão dele, que agora mostra um sorriso de desprezo no canto da boca.

— A senhora critica nosso sistema prisional, mas ele é muito mais humano do que na França ou nos Estados Unidos — retruca, com frieza.

Era mais um que não tinha gostado da minha entrevista na *Paris Match*! Não respondo nada que possa agravar minha situação ou a de Carlos. A única coisa que desejo é que ele vá embora com seus clones, que saiam da minha casa.

Depois que eles partem, corro para o escritório dos advogados, onde está a pessoa que cuida das relações públicas de Carlos.

— Por favor, chame imediatamente os enviados do *Financial Times*, do *New York Times* e do *Wall Street Journal* no Japão — peço. — Quero falar com eles agora!

Loucos por um furo, os jornalistas correram na minha direção e, como se costuma dizer, "botei tudo pra fora"! Contei tudo a que vinham submetendo Carlos havia três meses, os maus-tratos, as frustrações, as pequenas crueldades gratuitas. E a última busca de seis horas, com a presença de jornalistas avisados pelo procurador, essa nova prisão — apesar de Carlos ter pagado fiança para permanecer em prisão domiciliar. Também falo das coisas pelas quais passei, o banheiro, o banho, o confisco do meu celular e do meu passaporte libanês, além da resposta categórica do procurador. Dois dias depois, minhas palavras, junto com minha foto, estão na capa do *New York Times*.

Na noite seguinte à da prisão de Carlos, durmo na casa de Evelyne. Tenho medo de ficar no apartamento sem ele. Por volta das duas horas da manhã, o telefone toca. É nosso advogado nos Estados Unidos.

— Carole, faça sua mala e saia do país! — diz. — Agora mesmo! Eles vão voltar para prender você. Não adianta esperar, porque você não vai poder visitar Carlos na prisão...

Evelyne conhece o embaixador Laurent Pic e liga para informá-lo. Há um voo com destino a Paris na mesma noite, por volta das 18h.

— Certo. Diga a Carole que a encontro no aeroporto — sugere o embaixador. — Não quero deixá-la sozinha. Tenho medo de que ela seja presa lá...

Laurent Pic me acompanhou até a sala de embarque, depois precisou ir embora. Dentro do avião imóvel na pista, aguardando autorização para decolagem, fecho os olhos. Meu coração está disparado, fico imaginando que, a qualquer momento, aparecerá na aeronave um exército de homens de preto. Suspense até o último segundo, como no filme *Argo*! Até que o avião decola e eu respiro. A salvo!

Como a coragem não é uma das qualidades mais corriqueiras no mundo, o proprietário que tinha aceitado alugar para nós a casa no bairro Minato voltou atrás, apesar de já termos assinado o contrato de locação. Nosso advogado ficou furioso.

— Isso que está fazendo é ilegal, senhor. Vou denunciá-lo por isso!

A ameaça surtiu efeito. Por fim, ele aluga o local. Mas a casa permanecerá desocupada por algum tempo, já que meu marido voltou para a prisão e eu fui embora do Japão.

Quando chego a Paris, no sábado de manhã, os advogados de Carlos me informam que ele deve permanecer na prisão pelo menos até 25 de abril. Mas tudo é incerto, como sempre.

Carlos

Vou começar uma nova temporada em Kosuge! Tiro a roupa, sou revistado, medido, fotografado, e retorno à enfermaria onde eu estava antes. Chegando ao corredor que leva à minha cela, vejo o olhar espantado dos guardas, que me reconhecem e não esperavam me rever tão cedo!

Na madrugada seguinte, sou algemado e vou ao Palácio da justiça. Espero numa sala gelada, duas horas, três horas, nem sei mais quantas, depois encontro um juiz, um novo, mas que se parece com os outros. Pequeno, grisalho, de óculos. Com uma voz entediada, ele anuncia em japonês as razões da minha detenção e dessa nova prisão preventiva: a procuradoria de Tóquio quer me interrogar a respeito dos 5 milhões de dólares que pertencem à Nissan e que teriam sido desviados por mim para uma sociedade que eu controlo, por intermédio de um parceiro comercial situado em Oman. Eu me viro para o intérprete, que traduz.

— Abuso de confiança grave... — conclui.

Novamente uma acusação sem fundamento, mas que cai para eles como uma luva. Logo antes da coletiva do dia 11 de abril. Como que por acaso... E eu estava certo de que poderia me defender! Perco minhas ilusões quanto ao sistema japonês à medida que descubro sobre o seu funcionamento perverso.

— O senhor tem alguma coisa a declarar? —, pergunta o juiz, com o nariz enfiado em seus papéis.

Nego tudo em bloco, evidentemente. Com voz fraca. Acho que até dei de ombros. Não é grave, ele não olha para mim, não me escuta mais, desligado de tudo. Nem finge estar interessado no meu caso. Esta audiência é uma pura formalidade, tudo já foi combinado.

Em seguida, um policial se aproxima para me algemar e me levar à sala gelada, onde espero por mais duas horas até a van me levar de volta à prisão.

Sabendo que eu poderia ser preso a qualquer momento, tinha dado uma entrevista por videoconferência de uns vinte minutos, algumas horas antes no escritório dos meus advogados, para um jornalista francês. Contei a ele uma versão supersintética dos fatos, já que, até agora, ninguém se interessou em conhecê-los. No dia 9 de abril, cinco dias depois da minha prisão, meus advogados dão uma coletiva de imprensa em Tóquio e divulgam essa entrevista. Ela contém, em resumo, o que eu me preparava para revelar na coletiva que não aconteceu.

Nessa entrevista, denuncio um complô organizado contra mim pela chefia da Nissan, temerosa dos projetos da Renault, ou seja, as próximas etapas da Aliança em termos de irreversibilidade. Por enquanto, não dou os nomes dos autores do golpe. Não quero correr o risco de também ser processado por difamação. Vou nomear os responsáveis pelo complô quando estiver livre e em segurança.

Acrescento que eles me atacam mesmo sabendo que fui o primeiro a defender a autonomia da Nissan: "Sou um homem combativo, sou inocente em relação a todas as acusações e nego todos os elementos que contribuíram para criar minha imagem como a de um homem ditatorial e ganancioso."

Digo também que estou preso em uma engrenagem incrível e que peço o direito a um processo justo. Com relação a isso, meus advogados são menos otimistas do que eu. É esse o nível de confiança deles na própria justiça!

Concluindo, falo da minha mãe que está no Brasil, doente e enfraquecida, e à qual, de modo geral, se evita falar dos acontecimentos que poderiam preocupá-la. Mesmo sem saber de tudo o que acontece comigo, ela teria ficado feliz de me ouvir. Quando estava preso, pedi para falar com ela pelo telefone no Natal, mas a administração da prisão me negou o pedido.

O que eu também teria dito, se tivessem me deixado dar a coletiva, é que em fevereiro de 2018 os japoneses tinham me falado sobre sua preocupação em relação a uma fusão eventual. Eles estavam histéricos, me ligando sem parar para que o governo francês definisse o conteúdo dos seus projetos.

Em maio do mesmo ano, as chamadas da Nissan sobre o assunto cessaram. Nada. Fiquei um pouco surpreso. Imagino que, sentindo-se traídos e sacrificados, e pensando que a Renault me daria as ordens para efetuar a fusão — com a qual eu não concordava —, eles decidiram atacar aquele ao qual tinham acesso, montando um dossiê falso contra mim.

Eles sabiam que eu não era muito querido na França — me admiravam, mas não gostavam — e se aproveitaram dessa vulnerabilidade. Lançaram mão dessa arma para sujar minha imagem no país e destruir os interesses franceses, sem que os principais envolvidos tivessem os meios para reagir.

Caí numa cilada organizada por algumas pessoas na Nissan, os procuradores e membros do governo japonês. Na França, os que estavam a meu favor não se manifestaram, ou se manifestaram tão pouco que alguns se aproveitaram para se vingar de mim. Fácil, já que eu não tinha condições de responder...

Esse golpe foi arquitetado por homens que foram meus colaboradores próximos e que eu protegi: se não fosse pela minha presença, a Nissan teria passado inteiramente para o controle da Renault, e os japoneses teriam sido colocados numa posição passiva, o que teria sido mortal para a Aliança.

Há alguns anos, e tudo se acelerou com a chegada de Emmanuel Macron ao poder, o Estado francês queria mostrar que a Nissan era uma filial da Renault. Eu sempre me opus, por questões de eficiência gerencial: era essencial que os japoneses se sentissem bem na Aliança. O erro seria confiscar sua identidade e sua autonomia, o que foi muito difícil de explicar aos políticos franceses.

Eu tinha visto o que havia ocorrido entre a Mercedes e a Mitsubishi: quando estes perceberam que sua empresa não lhes pertencia mais, venderam suas participações e a Mercedes teve de vender a Mitsubishi em condições deploráveis! Era necessário evitar que a história se reproduzisse entre a Renault e a Nissan. Eu não era mais pró-França do que pró--Japão, queria apenas que os japoneses estivessem motivados e que participassem da construção de um grande grupo industrial, para uma marca que também era deles e na qual eles se reconheciam.

Esse equilíbrio que consegui manter durante muitos anos sempre foi mal interpretado e com altos e baixos. A Aliança, como foi concebida, tinha sido idealizada por Louis Schweitzer. Eu a conduzi na prática, era minha. Meu predecessor tinha uma visão muito mais francesa, e houve momentos de atrito entre nós, quando cheguei a pensar em sair da Aliança.

Construí a Aliança com base nos princípios de trabalhar junto e respeitando as identidades de cada um. Não queria que parecesse existir "cidadãos de primeira categoria" e "segunda categoria" nela, porque sabia aonde isso nos levaria. E foi exatamente aí que aterrissamos!

"Parem de repetir que a Renault-Nissan é uma empresa FRANCESA! Vocês vão destruir a Aliança...", dizia eu o tempo todo aos políticos, que não se davam conta de que reforçar o controle sobre a Nissan seria contraprodutivo. No entanto, o raciocínio era simples. Já que a Renault detinha 43% da Nissan, e embolsava o mesmo percentual dos resultados da Nissan, o interesse era que a Nissan prosperasse — portanto os japoneses deveriam se sentir "em casa".

Infelizmente, não consegui convencer os políticos, que deixaram os japoneses em dúvida, atiçando seu lado nacionalista. Os nacionalistas acabaram ganhando, declarando que a França não dava a menor bola para eles e que deveriam me dar um tiro na cabeça. Uma vez livres de mim, pensavam, a Renault não teria mais qualquer poder sobre a Nissan. E foi exatamente o que aconteceu.

Quando, no início de 2018, me propuseram um último mandato à frente da Renault, hesitei bastante. Meus filhos eram contrários. "Não continue...", pediram. Para eles, eu já tinha feito o suficiente e eles queriam estar com o pai com mais frequência. Meu mandato acabaria em junho de 2018, e, durante alguns dias, pensei sinceramente em parar. Já tinha cumprido minha missão, a empresa era lucrativa e eu poderia sair "por cima".

Ao mesmo tempo, eu era bombardeado pelo conselho administrativo da Renault e pelo Estado francês para garantir a irreversibilidade da Aliança. Fui reconduzido por mais quatro anos. Como a estratégia de desenvolvimento da Renault lhes parecia acertada, me pediram que a mantivesse até o momento da minha saída, quando nomeariam o meu sucessor.

Já nessa época eu percebia a perturbação e a amargura dos japoneses sobre a irreversibilidade da Aliança. Desde 2015, a Nissan estava preocupada por não ter direito de voto. Para encontrar um equilíbrio entre o desejo de fusão de um lado e a preocupação com a autonomia do outro, propus a criação de uma holding para a Aliança, ao mesmo tempo conservando a autonomia operacional das três empresas. Isso me parecia um bom acordo entre as partes.

Não para os japoneses. Eles se perguntavam se eu estava sendo sincero; se, com a criação da holding, com todas as cartas na mão, eu não acabaria optando pela tão temida fusão. Penso que foi nesse momento preciso, em razão das manobras do governo francês, que os japoneses deixaram de confiar em mim.

Apesar disso, assinei o contrato para um terceiro mandato. Tomei uma decisão errada e admito o erro.

Carole

Se depois da intervenção do procurador e de seus homens, tomei um avião para a França, é porque desejo atrair a atenção do governo francês sobre os últimos acontecimentos. Vou aproveitar para desocupar o apartamento da avenida Georges-Mandel, a pedido da Nissan.

Mal chego a Paris e uma amiga me telefona, pedindo que eu ligue a televisão. Uma colunista está falando a meu respeito com termos pouco lisonjeiros:

— Quem a sra. Ghosn pensa que é? O embaixador da França a deixou no aeroporto, e ela nem é francesa! Se ela saiu do Japão às pressas, é porque deve ser culpada!

O comentário dela me deixa perplexa. É tão injusto! Eu só fui embora por insistência de meu advogado. Se ele não tivesse se dirigido a mim, eu teria ficado no Japão, esperando para visitar meu marido na prisão. E nunca pedi a quem quer que fosse para me levar ao aeroporto. Foi Laurent Pic quem me encontrou lá para se certificar de que eu conseguiria embarcar sem problemas. Ele fez isso por generosidade e está sendo criticado...

Mas essa jornalista sabe em que condições Carlos foi preso e sabe da humilhação a que os procuradores japoneses têm nos submetido. Ela deve imaginar meu desalento. Então por que esse comentário tão mesquinho?

Quanto à imprensa japonesa, nem em Paris ela me deixa em paz. Na calçada do meu imóvel, os jornalistas me perseguem assim que eu apareço.

— Sra. Ghosn, todos estão dizendo que a senhora fugiu do Japão porque é culpada! Tem algo a declarar sobre isso?

Sempre a mesma ladainha! Culpada! Culpada! Culpada de quê? Estão dizendo essas coisas sem saber nada sobre o caso. São críticas, mentiras, e eu já não suporto mais. É como se me dessem sucessivas bofetadas.

À tarde, vou com Anne Méaux encontrar dois jornalistas do *Journal du Dimanche*. Quero que saibam como meu marido é tratado e aproveitar para lançar um novo pedido a Emmanuel Macron, embora não tenha muitas esperanças quanto a isso. Mas é preciso tentar de tudo.

A manchete do jornal, "Todos abandonaram Carlos", dá o tom para um artigo em que menciono a covardia dos políticos e manifesto meu profundo desgosto. Eu apelo ao presidente da França para que a presunção de inocência seja respeitada. Embora represente os interesses franceses em uma enorme indústria, Carlos é muito menos defendido do que qualquer cidadão francês seria!

Sei bem que a imprensa francesa não é gentil com Carlos. Ela o trata como se ele fosse culpado, embora praticamente nunca o tenha ouvido. Mas tentarei ao máximo reverter essa opinião afirmando que meu marido é honesto e que sempre foi leal com seus funcionários.

Perdi as contas das pessoas, dos contatos que procurei para nos ajudar. Pouco a pouco, sem dúvida constrangidos diante da própria impotência, alguns vão desaparecendo e, quando ligo, eles nem sequer me atendem.

Em 6 de abril de 2019, durante a sessão de fechamento da reunião do G-7 em Dinard, Jean-Yves Le Drian, ministro das Relações Internacionais, mencionou por um instante a situação de Carlos. "A França respeita a soberania e a independência da justiça japonesa", falou na introdução, antes de repetir, como uma frase decorada, seu "apreço pela observância da presunção de inocência e a plena aplicação da proteção consular". Mais um tiro no escuro. Os japoneses não iriam considerar isso.

Bom, na verdade, a fala de Le Drian teve um resultado. Agora a justiça japonesa quer me ouvir. O Ministério Público de Tóquio pediu aos juízes que me convocassem para uma audiência. Querem que eu retorne imediatamente ao Japão.

*
* *

Foi o dr. Takano quem me avisou por telefone. Eu tinha acabado de aterrissar em Paris. "Se quer que Carlos tenha uma chance de ser solto, os juízes precisam ouvir você", explica ele. "Você precisa voltar para o Japão."

A ideia de meu marido permanecer preso por minha causa é intolerável. Eu nunca faria algo que pudesse prejudicá-lo. Então, imediatamente tomo minha decisão: falarei com as autoridades japonesas.

A audiência é marcada para o dia 11 de abril. Comprei minha passagem sem avisar a ninguém sobre minha intenção de viajar de novo. Meus parentes e amigos estão tão aliviados por saber que saí do Japão! Todos ligaram para me parabenizar por não ter ficado. Como reagirão ao saber que vou voltar para lá?

Apesar de tudo, me sinto na obrigação de contar a meus filhos, que ficam muito preocupados. Ao telefone, Daniel, meu filho mais velho, não demonstra qualquer hesitação. "Mãe, não vou deixar você ir para lá sozinha. Vou sair agora mesmo de Nova York e a gente se vê no aeroporto."

Ele chegou antes de mim. Quando o vi atrás dos guichês do aeroporto, senti um enorme alívio. Um rosto conhecido e amado no meio dessa multidão que me assusta tanto! A decisão espontânea e generosa de Daniel em me acompanhar, sua presença amorosa e alegre nesse território hostil renovam minhas forças para enfrentar os procuradores. "Inacreditável, mãe. No avião, nas telas de TV, só se falava da prisão de Carlos e de sua audiência hoje!"

Sou muito próxima de meus três filhos e toda essa provação era desnecessária para atestar a força de nosso vínculo. Desde que Carlos foi preso, Daniel, Anthony e Tara me ligam todos os dias para ouvir minha voz. Sucessivamente, como vigias de uma embarcação, eles se alternam em meu apoio sempre que podem: os dois vêm dos Estados Unidos e Tara, da universidade, para me encontrar em Paris ou em Beirute.

Muitas vezes, penso na sorte de tê-los como filhos. Até hoje, quero protegê-los e só demonstrei a eles meu lado forte, responsável. Uma mãe alegre, dinâmica, batalhadora. É a primeira vez que eles veem minha fragilidade, meu medo. É a primeira vez que peço a ajuda deles. E eles me atendem, cada um reagindo à sua maneira: Daniel, que eu chamo carinhosamente de *"little man"*, meu homenzinho, tão jovem e já protetor, responsável, que leva a sério seu papel de irmão mais velho; Anthony é o intelectual da família. É a ele que recorro para redigir cartas, principalmente as administrativas, ou quando preciso dar uma entrevista na televisão. Ele dá ótimos conselhos e sempre tem ideias sensatas.

Minha filha, Tara, será para sempre "minha bebê", mesmo que, aos 21 anos, já demonstre tanta maturidade. Ela me contagia com sua leveza e uma forma de sabedoria que nem imagina me fazer tão bem nesses tempos confusos. Ao vir me buscar para caminhar pelas ruas de Manhattan ou para fazer compras, quando eu já quase não saio mais, ao me contar suas histórias do dia a dia com suas amigas, seu namorado, ela traz de volta um pouco de normalidade à minha vida, e eu preciso muito disso! Ao lado dela, volto a ter preocupações típicas de todas as mulheres, de todas as mães — o que é um grande alívio.

É em um momento como esse que descobrimos a coragem e a fidelidade de quem nos cerca. Não sei como toda essa história vai terminar, mas pude apreciar as grandes qualidades de meus filhos. Nesse teste doloroso que a vida nos deu, vi a boa vontade ou a covardia daqueles que se diziam meus amigos. Meus filhos, por sua vez, nunca me decepcionaram.

* * *

Os promotores recorreram na justiça para me obrigar a voltar porque se ressentiram por eu não tê-los acompanhado na manhã da prisão de Carlos, embora eu só tenha obedecido aos conselhos de meu advogado. Quem aceitaria ser levado sem saber para onde, depois de assinar um documento absolutamente incompreensível?

Assim que chegamos a Tóquio, na manhã de 11 de abril, Daniel me acompanhou até o tribunal. Lá, adentrando a sala da audiência, reconheço, à minha direita, os dois promotores que prenderam Carlos em nosso apartamento. Eu não esperava por isso. Volto a ser dominada pelo medo e por uma sensação de pânico que me acompanharia até o fim da sessão. Mostram-me a cadeira em que devo me sentar, no centro, perto do juiz. À esquerda, estão os advogados de Carlos.

O interrogatório começa. Os promotores não falam inglês e tenho muita dificuldade para entender o sotaque da intérprete japonesa. A cada duas frases, peço que ela repita... É exaustivo! Lanço olhares desesperados para os advogados de Carlos me socorrerem, mas eles olham os próprios sapatos. Eu não tinha entendido o que queriam dizer quando murmuraram, antes de eu entrar: "Por favor, não olhe para a gente." Agora entendi! Na frente dos promotores, eles eram mansinhos. Impressionante.

Eles me falam uma série de nomes, perguntam se conheço tal pessoa. Eu tenho muitos contatos — conheci muita gente, sobretudo desde que passei a viver com Carlos, às vezes em uma única noite! Respondo da melhor forma que posso. "Sim... Não... Talvez... Não sei... Não me lembro mais..." Estou atônita com a rajada ininterrupta de perguntas. Conhece fulano? Você o viu de novo? Em que data? Em que situação? E, o tempo todo, o promotor insiste, repetindo: "Tem certeza? Tem certeza?"

Fico tonta.

Mesmo nas situações difíceis, pode haver um momento cômico. No fim do interrogatório, o juiz — o mesmo que libertou Carlos sob fiança – virou-se para mim e perguntou se eu teria algo a acrescentar. Minha resposta irrompeu:

— Sim, Excelência. Lembra-se da câmera que o senhor pediu que instalássemos em nosso apartamento? Pois bem, imagine o senhor que, quando essas pessoas (olho na direção dos dois promotores) entraram na nossa casa para fazer a busca, também nos pediram que a desligássemos! Claro que nos recusamos, e aí eles mesmos desligaram. O que tinham a esconder? Além disso, não têm nenhum respeito pelas decisões do senhor! Não estão nem aí! O senhor acha isso aceitável?

O juiz esperava tudo, menos isso!

— Shhhhh! Shhhhh! — Ele pede silêncio olhando para os promotores com espanto.

Ele não quer me escutar. Digo que a autoridade dele é desprezada e ele manda eu me calar! Olhei para ele com um sorriso desenganado. É engraçado e patético ao mesmo tempo.

Se eu tivesse que resumir essa sessão, diria que foi uma viagem de quatro horas para o Absurdistão. Eu não tinha o que temer porque não havia o que esconder, mas não entendia aonde os promotores queriam chegar. Eles me perguntavam duas vezes a mesma coisa mudando uma ou duas palavras, na esperança de que conseguissem extrair de mim alguma coisa... Mas o quê?

Tudo no interrogatório era surreal. No entanto, como eu disse não me lembrar de uma pessoa em particular entre dezenas de nomes e eles encontraram uma mensagem de texto dessa pessoa para mim, nove meses depois eu seria acusada de perjúrio e receberia um mandado de prisão das autoridades japonesas, transmitido à Interpol.

Eu soube que nem os advogados nem o juiz enfrentavam os promotores. Eles tinham medo! E me lembrei do promotor que fez a busca em nosso apartamento dizendo: "No Japão é assim!" Não estou questionando o talento dos advogados — acho honestamente que Carlos está amparado pelos melhores —, mas, nesse país, são os promotores que fazem as leis. Pela primeira vez, entendi que, em uma configuração assim, meu marido não teria o julgamento justo que ele sempre pediu desde o início...

Por ora, o juiz me autoriza a ir embora. Livre. E devolve meu passaporte libanês. Daniel foi me esperar na saída do tribunal. Para fugir dos jornalistas que me aguardam, temos de sair às escondidas de novo: nossa amiga Evelyne entra no carro com a assistente de Carlos, que se abaixa e se cobre com uma capa, mas de forma que os jornalistas a vejam. A estratégia funciona: eles seguem o carro delas. Nesse instante, Daniel e eu saímos discretamente do tribunal e voltamos para o hotel.

No dia seguinte, voamos para Nova York.

Não saímos de nossos quartos de hotel até o momento de ir para o aeroporto, e, até o último segundo, fico atenta à porta dianteira do avião. Acho que os homens de preto do promotor me traumatizaram. Eu os vejo em toda parte! Por segurança, Daniel ficou com meu novo celular e alguns documentos meus. No avião, ele me falaria de uma sensação estranha que teve (até ele sentiu) de estar em um filme.

policial e de ver como os reflexos se adaptam às situações de perigo. Meu querido filho, eu adoraria que tudo isso não passasse de ficção!

Saindo da aglomeração de Tóquio, percebo que Carlos estava a dois passos de mim, na prisão de Kosuge, e isso revira meu coração. Estávamos tão perto um do outro, mas não nos vimos... Eu me afasto inexoravelmente, e a sensação é horrível, porque tenho a impressão de que, lá onde ele está, Carlos sente o mesmo que eu. Mais uma vez, milhares de quilômetros vão nos separar. E, por ora, não tenho nenhuma notícia dele.

Em 17 de abril de 2019, o *Washington Post* destaca a seguinte reportagem: MEU MARIDO, CARLOS GHOSN, NÃO FEZ NADA DE ERRADO.

A manchete do jornal norte-americano chama a atenção. No artigo, detalho as condições de encarceramento de Carlos e sua nova prisão — apesar de solto sob fiança e de não ter desrespeitado nenhuma das suas obrigações.

Na antevéspera, no estúdio da Fox Business Network, contei à famosa jornalista Maria Bartiromo os detalhes da busca e minha preocupação com o estado de saúde de Carlos. Ela planejava entrevistar Carlos no Japão no dia 15 de abril, mas ele foi preso dez dias antes. Na véspera, ela me ligou e, sabendo que eu estava em Nova York, me convidou para uma entrevista. Recuso o convite, de forma espontânea.

— Eu, ao vivo na TV? Não, não...

— Carole, vou ajudar você! Venha e apenas conte sua história!

Depois de consultar Anne Méaux e os filhos de Carlos, aceitei o convite. O canal é visto por milhares de pessoas, inclusive pela Casa Branca, o que me deixa bem nervosa.

Tenho algumas horas para me preparar. Anthony chegou à minha casa:

— Vou treinar você, mãe, não se preocupe...

Com ele, sinto que estou em boas mãos. Certeiro e muito paciente, ele se faz passar por um jornalista e me interroga de forma dura. Invertemos os papéis: sou uma mãe repetindo a lição para o filho! Tenho tantas coisas a dizer que Anthony precisa me direcionar, mas, no fim, entendi seus conselhos. (Sara Eisen, jornalista na CNBC, que me recebeu alguns meses depois, sempre acompanhada de meus filhos, disse-me que era a primeira vez que via um entrevistado revisar "seu texto" com os filhos!)

Para o programa da Fox Business Network, me pediram que chegasse às instalações do canal às cinco horas da manhã, e Daniel me acompanhou. Dos bastidores, ele faz gestos de incentivo. Sabe que estou aterrorizada. É visível que o retorno de Carlos para a prisão ainda me atordoa. Em vários momentos minha voz falha, mas eu me recomponho, não posso chorar porque preciso explicar aos norte-americanos e ao mundo a forma como ele está sendo tratado.

Eu desejava ter demonstrado mais autocontrole, mas fiz o que pude. Pelo menos, consegui dizer tudo o que queria. Anthony vai se orgulhar de mim. Depois, eu descobriria que minha entrevista emocionou muita gente.

Ao escrever um artigo para o *Washington Post*, apelo diretamente a Donald Trump. Em 26 de abril, ele se encontrará com o primeiro-ministro japonês, Shinzo Abe, na Casa Branca. "Por favor, presidente Trump, peça a Abe que repare esta injustiça...", quase imploro no fim do artigo.

Não sei se posso contar com essa ajuda, já que Macron nem se moveu para auxiliar o chefe de uma grande empresa francesa, mas talvez, enquanto cidadã norte-americana, eu possa me permitir recorrer a ele. Donald Trump é imprevisível, nunca se sabe... Quem sabe ele interceda a meu favor, enquanto todos os outros se esquivaram?

Antes de procurar as mídias impressas e a televisão, tentei falar várias vezes com Tom, um amigo de Trump, de origem libanesa e residente nos Estados Unidos. Depois de um tempo, ele me pediu que não o incomodasse mais.

— Carole, acalme-se, vamos nos ver em Nova York, ligue dentro de alguns dias... — disse ele.

Mas, quando ligo para marcar o encontro, ele não atende. Também não responde às minhas mensagens. Posteriormente, também tentei contato com o chefe de gabinete do presidente, depois com seu secretário de Estado, Mike Pompeo... Fiz de tudo. E foi tudo em vão.

Carlos

Os primeiros dias após meu retorno à prisão são muito pesados. Sinto-me abatido, deprimido. Hironaka me informa que minha detenção deve durar no mínimo até 14 de abril de 2019. Dez dias, portanto.

"Depois disso, os procuradores podem pedir uma extensão de dez dias. Se eles não o acusarem, são obrigados a liberá-lo. O senhor ficará em prisão domiciliar até o início do processo."

Calculo rapidamente: não sairei de Kosuge antes de 25 de abril.

Soube que Carole voltou a Tóquio para ter uma audiência com o juiz. Quando perguntei aos meus advogados se ela poderia ser presa, eles me afirmaram categoricamente que ela não corria nenhum risco. Apesar disso, fiquei contente quando soube que ela tinha saído do país e estava em lugar seguro.

Na França, continuam a se fingir de mortos. Depois da minha nova prisão, Bruno Le Maire deu uma entrevista num canal de televisão dizendo que "Carlos Ghosn deve prestar contas à justiça como qualquer outra pessoa". Ele pede também "transparência total" no inquérito sobre mim.

"Prestar contas à justiça como qualquer outro." Sempre essa mesma frase que serve para tudo, quando, na verdade, nunca pedi para ter acesso a favores particulares! Noto, por outro lado, que até hoje não recebi a mínima presunção de inocência, como é o caso para qualquer cidadão. Quanto à "transparência total", sou a favor, desde que escutem também o que tenho a dizer se eu for atacado.

Em Kosuge, tudo continua como antes. Dias intermináveis, a sensação opressiva de estar preso, a comida insípida, os interrogatórios... Às vezes, depois de um interrogatório duro e perverso, volto para a cela destruído. Sei que esse estado passará, que amanhã voltarei a ficar motivado e reencontrarei minha combatividade. Tenho apenas que atravessar a ponte que vai de um dia ao outro, mas é difícil atravessá-la quando o tempo até a soltura parece cada vez mais longo.

Eu disse que sou cristão. Mesmo não sendo praticante, encontrei algum conforto na oração. Estou consciente que há coisas que estão além de nós, que nos guiam, e tenho uma relação particular com Deus. Não sou daqueles que se entregam a Ele quando as coisas vão mal, mas, sim, um adepto de "Ajude a ti mesmo que o céu te ajudará". Deve-se demonstrar coragem e responsabilidade e, depois, esperar um empurrãozinho do divino! Nunca, sejam quais forem as provas atravessadas, direi que o céu está vazio. Na escala do universo, somos poeira e os que pensam que não há nada acima de nós se mostram bem arrogantes. É preciso ser humilde e reconhecer que compreendemos apenas uma parcela muito pequena do que nos rodeia.

Sei que muitos praticam ioga para reencontrar a paz interior e reduzir o estresse. Meus filhos me falaram várias vezes sobre suas vantagens. Tentei, mas sem muito sucesso: tenho a impressão de nunca conseguir esvaziar minha mente... Meu refúgio é o sono, o sono sem sonhos no qual desapareço de mim e dos outros. Na enfermaria, posso deitar na minha cama com mais frequência do que na minha primeira cela, uma vez que não há onde se sentar ali.

Quando quero me esvaziar, durmo. Ou então fico sonolento, com os olhos fechados. Incapaz de me projetar no futuro, prefiro focar nas lembranças felizes. É o único meio de me libertar de toda essa pressão e recuperar um pouco de serenidade. Lembro-me das férias com as crianças, do sol, do reflexo dos raios no mar, ouço o riso das minhas filhas, suas ideias impagáveis, suas piadas, a voz calma de Anthony... Penso no sorriso bondoso das minhas irmãs. Vejo o belo e doce rosto de Carole, que chega perto de mim e fala comigo docemente, em árabe, me dizendo que isso vai passar, que iremos nos reencontrar, que é preciso manter a coragem, que ela me ama acima de tudo. As palavras tão eletrizantes das suas cartas rodam na minha cabeça e eliminam o veneno do meu corpo pouco a pouco.

Penso novamente nos prazeres simples do cotidiano, dos quais sou privado desde que cheguei aqui e nos quais não tinha prestado muita atenção antes: o despertar tranquilo ouvindo os ruídos da cidade; o prazer de um banho quente prolongado; um passeio à noite pelo litoral de Beirute durante o verão, de mãos dadas com Carole, com o vento do Mediterrâneo trazendo algum frescor para a cidade... Tantas coisas deliciosas e inalcançáveis para mim neste momento.

É evidente que esta prisão traz à tona pensamentos que eu nunca tinha tido, sempre ocupado pelo turbilhão do meu trabalho, sobre o sentido da minha vida. Penso nas minhas prioridades, naquelas que serão as minhas quando este pesadelo terminar.

Contra a minha vontade, tenho pensamentos menos agradáveis. Pergunto-me sobre aqueles que considerava meus amigos e não se manifestam para me ajudar e sobre alguns que se tornaram hostis a mim, ou desapareceram. Quando eu sair, não os verei mais, não vou mais perder meu tempo com pessoas que me mostraram que não sou nada para elas. Farei uma seleção, vai haver um antes e um depois.

É uma lição cara, mas importante para o futuro. Se eu não aprender nada após um teste como este, tanto no plano dos conhecimentos quanto da sabedoria, e também de uma forma de enriquecimento pessoal, terá sido apenas pura dor. Tenho 65 anos, já sei que o tempo que me resta para viver será concentrado no que aprendi desta experiência.

*
* *

Em 25 de abril — o dia que eu poderia obter minha liberdade condicional —, espero a decisão do juiz com profunda ansiedade. Além da minha vontade de sair de Kosuge para voltar à prisão domiciliar, sei que se eu sair nessa data vou escapar por pouco do que os japoneses chamam de *Golden Week*, uma semana de feriados que vai de 27 de abril até 6 de maio. Durante esses dez dias, a prisão fica fechada, não há visitas e os prisioneiros não podem sair de suas celas. A ideia de não ver o céu nem a luz do dia durante todo esse tempo me angustia terrivelmente.

Quando, por volta das catorze horas, meu advogado me informou que o juiz tinha concordado e que eu sairia ainda naquele dia, respirei aliviado. Esperei pacientemente na cela até que viessem me buscar. As horas passavam, e às 21 horas eu ainda estava lá. Fui dormir, decepcionado. Às 23 horas, quando eu já estava dormindo, um guarda abriu a porta da minha cela: "Sr. Ghosn, acorde, o senhor está liberado..."

Eu mal podia acreditar, mas não perguntei nada: vesti-me, peguei minhas coisas e fui acompanhado até a saída. Takano me esperava no seu carro diante da entrada da prisão. Corremos até o hotel onde Caroline e Nadine, que tinham ido me visitar, estavam hospedadas.

No carro, me sinto feliz, leve, liberado de um peso enorme. Respiro, sei que a noite com minhas filhas vai ser alegre, que em um ou dois dias vou reencontrar Carole, que vai se juntar a mim na nova casa em Minato... De repente, Takano me olha, um pouco incomodado: "Sr. Ghosn, sinto muito, mas o senhor não vai poder ver Carole. O juiz proibiu que vocês se falem ou se correspondam."

Não sei como descrever a frustração que senti. Em um segundo, sinto como se tivesse perdido todo o meu sangue, toda a minha energia. A alegria que fervia em mim cessou e tudo desabou. Pode-se dizer que o juiz calculou bem o golpe: ele não tinha como me fazer um mal maior.

Por sinal, ele deixou bem claro: se eu falar com Carole, ele considerará que as condições da minha condicional foram violadas e agirá: a segunda fiança que paguei, de 4 milhões de euros, será perdida, e voltarei para a prisão.

Naquela noite, minhas filhas fizeram de tudo para me animar, mas estou derrubado, frustrado, amargurado. Há alguma coisa sádica nessa decisão da justiça: me concedem um pouco de liberdade, mas ao mesmo tempo amputam metade de mim.

Carole

Takashi Takano foi quem me deu a má notícia.

Não só a justiça japonesa me impede de ver meu marido em Tóquio, como ainda sou proibida de falar ou de escrever para ele?! E dizem que posso ir ao Japão, se quiser, que ninguém está me impedindo! Mas o que vou fazer lá se não posso ver meu marido?

Fico espantada com esse súbito recrudescimento das condições. Os advogados de defesa questionaram: os procuradores acham que, indo a Tóquio, posso destruir ou danificar provas.

E pensar que, ingenuamente, achei que me instalaria na casa em Minato com meu marido e ficaria ao lado dele até seu julgamento...

O mês de abril termina. É difícil me comunicar por intermédio dos outros, ter notícias de Carlos somente por terceiros, nunca poder dizer "amo você, estou aqui..." sem um porta-voz.

Resisto graças ao carinho e à proximidade de meus melhores amigos. Nessas horas, quando não sabemos de onde virão os golpes, é reconfortante saber que eles nunca me trairão. Se estão convencidos da inocência de Carlos, outros me parecem menos inabaláveis.

— Mesmo que fosse culpado, eles não têm o direito de tratá-lo assim... — comenta uma vizinha.

Esses comentários — ou indiretas? — são insuportáveis para mim. Eu reajo na mesma hora.

— Não, não, você não entende! Ele não fez nada! Ele é inocente! Não diga "mesmo que...".

É claro que me respondem que sou a mulher dele, que o amo e que meus sentimentos me tornam ingênua. E insistem:

— Mas tem certeza de que ele contou tudo para você? Talvez ele tivesse problemas sobre os quais não quisesse falar...

De forma alguma. Ele me contava tudo. Conheço meu marido, sei que ele é honesto. Fico magoada com a ideia de que possam pensar o contrário. Já sofro muito por não poder vê-lo nem falar com ele, então parem de me incomodar com essas suspeitas infundadas!

Chegaram até mesmo a me perguntar por que eu continuava com ele, por que aceitava sofrer os ataques e os problemas que sua prisão me causaram. A resposta é simples: somos casados "na alegria e na tristeza". Essa frase deve significar alguma coisa, não é mesmo? De que adianta uma relação se um dos dois joga a toalha ao primeiro revés?

Carlos precisa de mim e eu, dele. Nunca o abandonarei. Até porque, desde sua liberdade condicional, ele tem acesso à internet e pode ver tudo que tenho feito para tirá-lo de lá. Ele sempre me diz que minha determinação o ajuda a aguentar firme. Então, não vou abandoná-lo.

Sei que a imprensa se pergunta, desde o início, sobre nossa relação. A ponto de dizer que o carinho faz parte de nossa comunicação, acrescentando que "a sinceridade de seus sentimentos não é simulada". Como se eu precisasse provar meu amor por ele! É curioso abordar as coisas assim. Será que imaginavam que era uma farsa? Carlos não era digno de ser amado?

Os jornalistas costumam dizer que me aproximei dele de forma pouco cordial, dizendo sem rodeios que queria "conhecê-lo". Acrescentam até que esse meu lado "conquistador" o teria agradado. Muito romântico, mas inteiramente falso. Não sou de abordar ninguém "no ímpeto". Então, vou corrigi-los: nós nos conhecemos por acaso e foi Carlos quem fez de tudo para nos revermos.

Nosso encontro, aliás, foi bem engraçado. Ocorreu em várias etapas. Como se, depois que nos encontramos, pudéssemos nos permitir seguir sem pressa.

Foi em novembro de 2008, em Nova York, durante o baile anual organizado por ex-alunos da escola Nossa Senhora de Međugorje, em Beirute, hoje residentes nos Estados Unidos. Como Carlos estudou na mesma instituição e estava em Nova York naquela noite, o convidaram para fazer um discurso.

Ao longo da noite, fui cumprimentá-lo. Queria fazer um pedido a ele.

— Meu nome é Carole e sou prima de Fabienne, a esposa de Élie, um dos seus ex-colegas de classe...

Carlos acena com a cabeça de modo gentil, mas prossegui, antes que ele me responda:

— Eu mandei um e-mail e você nunca me respondeu...

Ele não parece surpreso e me explica que recebe dezenas de e-mails por dia, sobre os mais variados assuntos. É claro que alguns passam despercebidos. Esclareço que pedi ajuda para uma associação de caridade que apoio.

— Não fique com raiva de mim, Carole, não vi mesmo seu e-mail — acrescenta ao perceber a expressão de desagrado no meu rosto.

Nossa conversa terminou ali.

Eu o via na TV, tinha lido artigos sobre ele na imprensa. Admirava sua inteligência, seu sucesso, e tinha muito orgulho de ele ser libanês. Mas era só isso. Eu não pretendia realmente conhecê-lo.

Em setembro de 2009, quase um ano depois, Carlos estava de volta a Nova York para apresentar e dar um prêmio a Reem Acra, uma estilista libanesa. Como a conheço, estou entre os convidados. Assim que me vê, ele exclama:

— Ah! Você é a prima de Fabienne!

Ele pergunta onde está meu marido, para que sejam apresentados, mas respondo que ele não foi, que está cansado, que trabalha muito...

— Eu também faço muita coisa e vim do Japão! — responde, com uma piscadela.

A cerimônia começa e vamos para nossos lugares — Carlos, ao lado da esposa; eu, com alguns amigos. Um pouco depois, enquanto me dirijo para a saída, percebo que ele se aproxima.

— Está indo embora?

— Não, vou acompanhar uns amigos. Eles vão fumar...

— Ah, entendi. Mas... por acaso você tem um cartão?

— Não...

Ele não desiste e vasculha o bolso do paletó, de onde tira um cartãozinho.

— Tome. Quando puder, me passe seu contato...

Em seguida, ele se despede e dá meia-volta.

Meus dois amigos que assistiram à cena ficam incrédulos.

— É impressão minha ou ele está flertando com você?

Dou de ombros. Sinceramente não faço a menor ideia! Passam-se três meses. Não se pode dizer que eu o persegui, não é mesmo? No início de dezembro, recebo uma ligação de uma de minhas amigas que também busca benfeitores para sua associação. Entre os potenciais doadores, ela pensou em Carlos.

— Não sei como entrar em contato com ele... Por acaso você o conhece?

— Nos vimos há três meses e ele me passou o contato dele. Se quiser, posso tentar pedir ajuda. Vou escrever para ele... Vamos ver se ele vai responder.

Envio um e-mail e, um minuto depois, ele me responde! Sua agilidade me faz sorrir. Achei que seria dificílimo falar com ele, mas, na verdade, é muito simples!

Então, ele me ligou.

— Na próxima vez que for a Nova York, eu gostaria muito de te encontrar...

E nós nos encontramos. Foi um momento leve, feliz, espontâneo, como se nos conhecêssemos havia muito tempo. As coisas aconteceram naturalmente. Como ele mesmo diz: "Nós nos aproximamos um do outro lenta, mas inexoravelmente."

Descubro que ele é um homem gentil e muito engraçado. Rio muito com ele. Foi uma das coisas que me seduziram de imediato — Carlos é muito mais simpático e acessível do que o personagem frio e autoritário que os jornalistas descrevem.

A imprensa só não se equivoca quando fala do seu ritmo de trabalho. Para marcar nosso segundo encontro, Carlos abriu sua agenda e pude ver as páginas coloridas de acordo com os países e cheias de nomes e números de telefone. Ele apontou uma data.

— Se você quiser, a gente pode se encontrar... no sábado, dia 25, às dez horas. Daqui a um mês!

Eu ri. Nunca tinham marcado um encontro assim comigo! Aceitei, e nossa relação começou.

Quando nos conhecemos, eu tinha 43 anos e ele, 55. A partir do momento que nossa história começou, eu soube que ele era o homem da minha vida e que nossa relação duraria. Eu nunca tinha amado alguém de forma tão absoluta, segura, inegável. Para além das qualidades dele, eu sentia uma compatibilidade entre nós, um vínculo profundo e íntimo.

Mas a situação não era tão simples: ambos éramos casados. Embora a escolha de ficarmos juntos fosse evidente para nós, o divórcio não é uma situação fácil e agradável. Seja pacífico ou não, é sempre um choque para os filhos, apesar de tentarmos protegê-los de todas as formas. Minha atenção estava centrada em Tara, que na época tinha apenas 11 anos, era minha "bebê" e precisava ser tranquilizada. Ela entendia o que eu sentia por Carlos e temia que eu me tornasse menos presente, menos atenta a ela, por ter um novo amor na minha vida. E eu a entendi perfeitamente!

Depois que expliquei a situação, meus filhos foram adoráveis. "Se você está feliz, ficamos felizes também, porque é isso que importa", diziam. Eles acolheram Carlos muito bem. Quanto a meu ex-marido, tive muita sorte: ele foi um cavalheiro.

Eu tenho três filhos e Carlos, quatro. Não queríamos que eles sofressem, mas nos amávamos muito! Não podíamos ignorar esse horizonte que se abria para nós, queríamos dar uma chance ao amor, à vida, porque tínhamos certeza do que sentíamos um pelo outro.

— Agora que encontrei você, nunca mais vou te deixar...

— disse Carlos.

"Seus olhos cor de mel me lembram do céu em nosso país", escrevia ele. Foi o primeiro verso de um pequeno poema que ele escreveu para mim.

No início, Carlos sempre me dizia que nada nos obrigava a estar juntos — éramos ambos independentes, com autonomia financeira, carreiras sólidas, filhos crescidos, amigos, nossos interesses particulares. Se decidimos juntar nossos destinos, foi apenas por desejo, por atração mútua. Não há nem imposição nem artifício em nossa história. Ambos temos vivência e maturidade suficientes para ter certeza de nossos sentimentos.

É a vantagem das uniões tardias: você já se conhece mais, e desejamos calma, serenidade. Já nos desprendemos de uma boa dose de amor-próprio e de egoísmo que arruínam as relações amorosas. Vamos direto ao ponto. Nós temos o mesmo objetivo: terminar nossos dias com quem amamos de verdade. O milagre é justamente termos nos encontrado. E, quando nos escolhemos nessa fase, não há erro.

É claro que nossa união causa surpresa, que os meios de comunicação suscitam dúvidas. À exceção de alguns jornalistas que nunca cessam de me maldizer, reconheço que a grande imprensa é muito correta a meu respeito — apesar de ironizarem o fato de Carlos ter mudado de visual depois de me conhecer. Isso é verdade: dou conselhos sobre gravata, sobre o comprimento de seus ternos e seu corte de cabelo. E ele me ouve. De minha parte, levo em consideração as observações dele. Por outro lado, isso é tão surpreendente assim? Casais não fazem isso? Quando se está apaixonado, querer agradar ao parceiro é algo bem corriqueiro...

Todos me dizem que eu lhe devolvi o sorriso. Se for verdade, fico muito feliz. Ele, que estava sempre sério, apressado, com a vida cronometrada, que nunca tinha tempo para ver os amigos, começou a relaxar, a partilhar, a se humanizar. Ele se tornou muito mais acessível e tolerante. E até começou a aceitar meus atrasos!

Carlos

A casa em Minato é maior e mais confortável que nosso antigo apartamento de dois cômodos, mas ando dentro dela como uma alma penada. Carole não está comigo, e tudo me faz lembrar dela. Ela decorou a casa com tanto amor e gosto que eu a revejo em cada objeto, nas cores que ela escolheu para nós, e esses sinais me fazem sentir sua ausência de maneira ainda mais cruel.

Por sorte, minhas filhas e minhas irmãs estão sempre comigo: elas retomaram o revezamento, para que eu nunca fique sozinho. Durante cerca de oito meses, elas suspenderam suas vidas pessoais, algumas continuando a trabalhar a partir do Japão. As pessoas próximas delas se mostraram muito compreensivas e solidárias para lhes facilitar a tarefa (por outro lado, a justiça continua proibindo a entrada do meu filho, Anthony, no país, ou que nós possamos nos corresponder).

Havia muito que eu não passava tanto tempo com elas. Cada uma, do seu modo e segundo seu estilo, faz com que essa semiliberdade seja a menos restritiva possível: Sylvia, minha irmã, e Caroline, fazem as comidas de que eu gosto, tentando sempre encontrar os "nossos" condimentos; passeamos de bicicleta, vamos aos campos nos arredores... No domingo, acompanho Maya até a igreja do bairro.

Devo dizer que o dinamismo da minha caçula me deslumbra! Desde que entrei nessa casa, Maya assumiu o controle de tudo: é ela quem coordena as visitas, garantindo que sempre haja alguém perto de mim, envia as informações, trata dos contratos com meus advogados ou com os encarregados da comunicação, e de tantas outras coisas. Ela está em todos os lugares, trabalha sem parar, escutando alguns, consolando outros, e sempre de bom humor. Ela fez um trabalho excepcional!

Graças às minhas filhas, descobri séries de ficção que ocuparam uma boa parte das nossas noites, para meu grande prazer! É um tempo que nos aproxima como nunca. A infelicidade sempre serve para alguma coisa...

Eu poderia aplicar essa ideia à minha "nova vida". Apesar da forte pressão neste estado de semiliberdade, estou aliviado de não viver mais no ritmo desenfreado da minha vida anterior. As viagens constantes de avião, o *jet lag* e a desidratação permanente, os horários diferentes para dormir, os despertares artificiais e os almoços de trabalho que me enjoavam porque, no meu relógio biológico, eram três horas da madrugada... Pela primeira vez em minha vida, não tenho uma agenda fechada com um ano de antecedência, uma reunião atrás da outra, responsabilidades e decisões a serem tomadas, a não ser aquelas de ordem pessoal.

Entre 1999 e 2018, nunca tive um momento para visitar Tóquio com calma. Agora descubro a cidade e seus parques, a pé ou de bicicleta, almoço em charmosos restaurantes de bairro que jamais teria conhecido em outras circunstâncias. Entrei para um clube esportivo. E até descobri uma padaria francesa, a Maison Landemaine, cujos croissants me trazem algumas lembranças de Paris.

Os habitantes de Tóquio se acostumaram a me ver pelo bairro. Eles continuam como sempre foram: amigáveis, corteses ou indiferentes — como sempre. Um dia, um deles que fala inglês muito bem começa a conversar comigo e me lembra de como eu tinha gostado de trabalhar na Nissan. É algo que eu sempre disse à imprensa, desde o começo, porque era verdade. As palavras daquele homem me fizeram voltar vinte anos atrás...

Quando comecei, em 1999, como chefe das operações, lembro-me de que os empregados ficavam surpresos ao me ver chegar ao escritório por volta das sete horas, enquanto os executivos japoneses começavam por volta das nove horas. No primeiro dia, fiquei sozinho com os encarregados da limpeza, que terminavam o serviço além do horário do expediente! A notícia se espalhou e os empregados, ressentidos com seus chefes por começarem tarde, simpatizaram comigo. Eu me comportava como um assalariado comum. Eles nunca tinham visto isso!

Lembro-me também de que, ao contrário dos executivos que assistiam às reuniões sem dizer uma palavra e tomavam decisões de forma opaca, eu debatia, trocava ideias de maneira muito mais engajada, pedia para ouvir opiniões diferentes antes de decidir. Além disso, eu tinha 45 anos, ao passo que a idade média dos executivos japoneses era de sessenta anos ou mais.

Em resumo, os funcionários da Nissan descobriram um executivo jovem, dinâmico, que chegava muito cedo e saía tarde da noite (eles me apelidaram de *seven eleven*, "das sete às onze"), que se envolvia nas reuniões, ia às fábricas e aos canteiros de obras, encontrava empregados de todos os níveis e apertava a mão de todos. Automaticamente, criou-se uma popularidade em torno do meu "estilo" diferente de dirigente.

Em seguida, vieram os resultados: em um ano, a Nissan começou a ter lucro; no fim do segundo ano, eu tinha reduzido a dívida à metade; e, três anos depois, estávamos em plena curva de crescimento. Foi então que me tornei muito popular em todo o país.

Estou contente por ter encontrado um japonês que se lembra...

* * *

Os agentes de segurança da Japan Secret Service Inc. ressurgiram na calçada em frente à minha casa e me seguem na rua, onde quer que eu vá. Um dia em que não aguento mais esses sujeitos na minha cola, pergunto aos jornalistas por que não fazer uma reportagem sobre eles. Assim, talvez tirassem o foco de mim! Para minha surpresa, eles aceitam. Não sei como os agentes pagos pela Nissan souberam disso — embora eu tenha minhas suspeitas sobre os grampos telefônicos —, mas a partir desse dia eles desapareceram. Os jornalistas vieram, esperaram durante uma semana que os agentes voltassem e depois também desapareceram. No dia seguinte, meus vigilantes estavam novamente sob as minhas janelas. Um *"just in time"* bem organizado.

Desde que cheguei a Minato, retomei o ritmo da minha primeira detenção domiciliar, voltando a trabalhar todas as tardes com meus advogados de defesa. A data do processo ainda não está determinada. Falam de setembro de 2020, sem mais detalhes.

Não se pode dizer que o trabalho dos advogados é facilitado pelas instâncias judiciárias. Eles devem implorar, arrancar do procurador as peças de acusação das quais necessitam para a minha defesa. Sempre falta alguma coisa nos dossiês. É muito difícil e anormal. Mais tarde, ficarei sabendo que seis mil documentos foram destruídos sem nenhuma reação do juiz, que se limitou a dizer: "Tenhamos confiança na honestidade dos procuradores..." (*sic!*) Aparentemente, o procurador ainda não terminou o inquérito. Na verdade, ele procura de todos os lados para ver se consegue encontrar alguma coisa da qual possa me acusar. Os americanos chamam isso de *smoking gun* (um revólver do qual sai fumaça), uma prova concreta...

É nesse período que começam as audiências preliminares (ao ritmo de uma sessão por mês), as quais me confirmam, como se ainda fosse necessário, esse embuste de justiça, este espetáculo que uns e outros proporcionam. Trata-se de reuniões para preparação do julgamento, onde estão os juízes, os procuradores e os advogados. Eu assisto, sem poder dizer nada.

Deveria haver três juízes para decidir, mas só há um. Os outros dois são jovens assistentes em formação, cuja função principal é carregar a pasta do juiz.

É uma sessão muito "burocrática", durante a qual meus advogados solicitam documentos que os procuradores concordam ou não em dar. O juiz supervisiona tudo, mas nunca está no controle real da situação. Eu assisto, incrédulo, a esse balé, a essa triste coreografia na qual eu sou o principal interessado, e da qual sou excluído.

Como disse, várias equipes de advogados trabalham para mim, nos Estados Unidos, na França e no Líbano. A coordenação não é muito simples. Eles sentem dificuldade em compreender certas decisões da equipe Hironaka-Takano-Kawatsu. Meus advogados japoneses estão tão acostumados com seu sistema jurídico que, quando os procuradores agem contra a lei, isso não provoca neles as mesmas reações que nos meus advogados estrangeiros, os quais ficam indignados: "Mas o que esses procuradores estão fazendo é ilegal! Por que vocês não protestam? Defendam os seus direitos!"

É fácil falar quando se está a milhares de quilômetros daqui. Meus advogados lutam há mais de trinta anos contra esse sistema — não são muitos os que compram essa luta —, mas suas ações não vão adiante. Eles mesmos, como percebo durante nossas tardes de trabalho, sentem dificuldade em sair do molde no qual foram formados. Eles são sinceros quando repetem que seu sistema judiciário é indigno da sua cultura, mas sinto que lutar contra os procuradores é mais complicado do que me contam. Como eles são japoneses, foram criados imersos nessa cultura e são os frutos de uma educação da qual, independentemente do que digam, eles estão impregnados, queiram ou não.

Desde a minha segunda liberdade condicional, observo um fenômeno curioso que me deixa preocupado: a atenção sobre o meu caso arrefece, como se, por ter saído da prisão, minha situação é invejável e eu possa esperar "tranquilamente" o meu processo. Aos olhos de alguns jornalistas — os que não acreditavam nos argumentos acusatórios da Nissan —, a dimensão injusta da maneira como me trataram desapareceu como neve sob o sol. É evidente que não pretendo estar na primeira página dos jornais todos os dias, mas também não quero que o que aconteceu seja esquecido.

O juiz Shimada não se dá conta de que, ao me privar da presença da minha mulher, ele me impede de respirar. Talvez seja isso o que ele esteja querendo... Preciso tentar convencê--lo. É a minha única margem de manobra: demandar, redemandar, insistir, até suplicar, sem perder a dignidade. Preciso ver minha mulher, como posso fazê-lo entender? E por que eles ainda mantêm essa proibição?

Em 10 de junho, seguindo as recomendações do meu advogado Katano, gravei uma curta mensagem em vídeo para o juiz:

Excelência, minha relação com Carole é muito importante para mim: ela é minha alma gêmea, meu amor, é tudo para mim, me proporciona estabilidade. É nela que me apoio quando atravesso momentos difíceis na vida, como neste em que me encontro. Ficarmos separados é doloroso cada dia, cada hora, cada minuto do dia ou da noite. Não consigo dormir, não consigo me concentrar para preparar minha defesa em termos tão complicados de se explicar. Consultei um médico, que me receitou medicamentos. Não é de medicamentos que necessito, e sim da presença da minha esposa. Só assim poderei me preparar para o processo.

Sei que Vossa Excelência tem dúvidas e receios. Posso lhe assegurar que, do meu ponto de vista, existe a minha relação com Carole, minha vida junto dela, e todo o resto. Saiba que ela é mais importante para mim do que qualquer outra coisa, e que não correrei nenhum risco, nenhum, que poderia ameaçar minha relação com ela ou que a impediria de estar ao meu lado em razão de supostas vantagens que isso poderia me proporcionar.

Eu lhe peço veementemente que leve em consideração o seguinte: estou enfrentando o período mais difícil da minha vida. Preciso dela perto de mim. Apelo à sua sabedoria e à sua clemência.

Obrigado.

Carole

Em março de 2019, o dr. François Zimeray, advogado da Ordem dos Advogados de Paris e que representa a mim e os filhos de Carlos, fez uma grande jogada ao se reportar à força-tarefa das Nações Unidas para denunciar a "perseguição judicial" sofrida por Carlos quanto à privação de sua liberdade pelas autoridades japonesas e, em especial, "à proibição de se comunicar com sua esposa", considerada "humanamente chocante e injustificada em termos jurídicos".

Na nota à imprensa do mês de maio, Zimeray denuncia a atitude do Tribunal de Apelação de Tóquio e da Corte Suprema, que, ao proibirem, de forma arbitrária, que Carlos e eu nos encontremos, violam as normas internacionais aplicáveis a todos. "O artigo 37 das 'regras Mandela' adotadas pelas Nações Unidas em Genebra estabelece, mesmo em caso de detenção, o direito absoluto à manutenção dos vínculos familiares", esclareceu. Sobretudo para as pessoas em liberdade condicional.

Fico feliz que, além do caso de meu marido, François Zimeray, que foi embaixador dos direitos humanos, pense também em todas as vítimas desse sistema penal odioso.

O caso de Carlos Ghosn lança luz sobre a forma revoltante sobre como as pessoas perseguidas no Japão são obrigadas a confissões forçadas, por um sistema concebido para levá-las ao limite [...]. Carlos Ghosn foi apresentado e tratado como culpado desde o primeiro instante de sua prisão teatral. Se não lutarmos pelos princípios fundamentais quando a situação envolve alguém que, como Ghosn, está sob os holofotes, o que será daqueles cujo destino não interessa a ninguém?

Em 21 de junho de 2019, convidada pelo canal de televisão americano CNN, apelo novamente ao presidente Trump para que interceda por Carlos. Fico sabendo que, nos dias 28 e 29 de junho, ele deve se encontrar com o primeiro-ministro japonês no G-20, que ocorrerá pela primeira vez em Tóquio! É agora ou nunca.

Em nenhum veículo de imprensa francês ou estrangeiro fui tão direta e incisiva. Alguns dias antes do programa, meu relações-públicas me enviou uma série de "mensagens" a serem divulgadas, de pessoas a serem interpeladas: "Não importam as perguntas que vão fazer. Quando for à TV, precisa dizer isso, isso e aquilo..."

Concordei e decorei a lição. Durante horas, até tarde da noite, ensaiei, ensaiei, até fiquei de frente para um espelho para ver qual era a cara que eu fazia dizendo tal ou tal frase! Mais uma vez, preparei-me como para uma prova.

No dia do programa, aguardo que Paula Newton, a jornalista, faça uma pergunta, respondo... e desando a falar. Sem que ela me pergunte, digo que Carlos está sendo vítima de uma "armação", falo de "conspiração entre pessoas da Nissan e outras do Ministério da Economia, do Comércio e da Indústria japonês" e peço ao presidente Trump que intervenha junto a Shinzo Abe para que Carlos tenha um julgamento justo e imparcial.

"Somente assim meu marido poderá dar provas de sua inocência", acrescento.

Aproveito para dizer que o sistema judiciário japonês é corrupto. E, como não quero terminar meu discurso sem lembrar que Carlos precisa de mim, e eu dele, e que me proíbem de visitá-lo, falo sobre isso também. Em seguida me calo. Missão cumprida.

Paula Newton não pôde me fazer muitas perguntas, porque não lhe dei tempo. Atordoada pela minha eloquência, ela franzia um pouco a testa sem ousar me interromper. Acho que notou o desconcerto e a urgência em meu rosto. Quando a luz voltou a se acender no estúdio, ela veio se sentar perto de mim para me perguntar como eu estava: "Estou mal... Meu marido está sendo vítima de um complô..." Ela gentilmente apertou minha mão. Acho que a assustei um pouco, mas ela entendeu!

Ao abrir meu coração com toda a franqueza, abalei essa diplomacia hipócrita que, há meses, não faz nada. Pouco depois, Claudine, irmã de Carlos, que assistiu ao programa, ligou para mim preocupada com a reação que meu discurso provocaria no governo japonês.

De fato, o Meti, como é chamado o Ministério da Economia, do Comércio e da Indústria japonês, reagiu assim que o programa terminou: negou qualquer responsabilidade em relação a uma eventual conspiração e à prisão de meu marido. O que eu não disse na CNN é que vi na própria imprensa japonesa um artigo que fala sobre a atuação desse ministério. Imaginei que, como ele é pouco questionado em nível local, eu poderia me permitir fazê-lo em um veículo internacional.

Meu filho Daniel me liga. "Sabia que tenho amigos que me falam de você e que acompanham tudo que você faz? Eles te admiram muito!"

Ele me viu na TV. Embora não tenha ficado surpreso com minha luta em defesa de Carlos, ficou surpreso por eu ter denunciado alto e bom som as ações da Nissan e do governo japonês. "Ninguém ousa dizer a verdade como você, mãe... Você é muito corajosa."

Anthony também me viu. Seu comentário me faz rir. "Se um dia alguém me dissesse que minha mãe apareceria na CNN e estaria na capa do *New York Times*, eu teria respondido: 'Você usou drogas ou o quê?'"

Como Emmanuel Macron e Jair Bolsonaro, o presidente brasileiro, também estariam presentes no G-20, tentei abordá-los, pouco antes de eles chegarem à reunião, para que intercedessem em favor do meu marido. Claudine, que mora no Brasil, escreveu a seu presidente para informá-lo sobre o que estava acontecendo, mas ele não reagiu. Quanto a Macron, entrevistado por jornalistas sobre o assunto, declarou que "não cabe ao presidente da República Francesa interferir em um processo judicial japonês", salientando, previamente, seu grande apreço pelo princípio da presunção de inocência e pelos direitos de defesa... Coisas que, desde o início do caso, foram negados a meu marido!

No entanto, mantive as esperanças e, no programa televisivo *Quotidien*,* pedi ao presidente Macron que assegurasse meu direito de visitação a Carlos e que ele tivesse um julgamento imparcial e o mais rápido possível, pois ainda não havia sido marcada uma data. Temo que o caso se arraste por anos. Sobretudo com a aproximação dos Jogos Olímpicos de

---

* *Quotidien*, TMC, 28 de junho de 2019.

Tóquio, evento que pode fazer com que o julgamento seja adiado para depois de julho de 2020.

Mais uma vez, não obtive nenhum retorno do presidente.

* * *

Em desespero e por recomendação de nossos advogados, também gravei um vídeo de alguns minutos dirigido ao juiz Hajime Shimada, para que ele permita meu encontro com Carlos. Diante da câmera, olhei o juiz no fundo dos olhos.

"Excelência, conheço Carlos há dez anos e nunca ficamos um único dia sem nos falar. Amo Carlos, ele é meu melhor amigo, minha base e minha alma gêmea. Não o vejo nem falo com ele desde o dia 4 de abril e sinto uma saudade imensa. Estou muito triste, não consigo dormir, sinto-me mal. É o momento mais difícil da minha vida.

Carlos perdeu sua liberdade, sua reputação e seu trabalho. Ele precisa de mim mais do que tudo. Eu gostaria de ajudá-lo psicologicamente, de estar perto dele. Creio que o promotor esteja agindo assim para puni-lo e para machucá-lo. E isso é uma outra forma de tortura.

O que o promotor disse ao senhor é falso: eu não destruí nenhuma prova. Respeitei as condições de nosso acordo e, mesmo por amor a meu marido, eu jamais sairia da legalidade. Quando estava no tribunal, em seu gabinete, no último dia 11 de janeiro, eu disse a verdade. Quero ajudar meu marido, mas não farei nada ilegal. Antes de entrar em seu gabinete, eu estava traumatizada. Quando vi o senhor, acalmei-me, pois seu rosto era amável, senti que o senhor é um homem justo.

Excelência, suplico ao senhor que permita que Carlos e eu tenhamos uma vida normal, juntos.

Obrigada."

Assisti ao vídeo que Carlos gravou, e é muito comovente. Meu marido implora pelo direito de me ver, é tudo que pede, mas o juiz se mantém impassível às nossas súplicas. Como sempre, não dá qualquer justificativa para a recusa. Nem se dá ao trabalho, é um "não" de ofício. Embora nossa liberdade fosse vigiada em casa e fora dela, nossos passos e gestos, controlados, nossas conversas, ouvidas e anotadas. O que eles temem?

Precisamos encarar a realidade: são retaliações contra Carlos, que se recusa a confessar algo que não fez, e contra mim, que ouso alertar a opinião pública. O juiz está em conluio com os promotores.

Carlos

Junho de 2019

Faz quase três meses que não falo com Carole. O juiz insiste na recusa. Minha mensagem em vídeo fez o mesmo efeito que um fogo de artifício molhado. O que não me surpreende: ele já me garantiu a liberdade sob fiança, contra a opinião do procurador — ele teve a coragem de fazer isso, foi seu momento de glória! —, então imagino que ele não vai mais longe em sua incrível transgressão.

A falta que sinto de Carole é difícil de ser compreendida por aqueles que, ao contrário de nós, não encontraram sua alma gêmea... Carole é muito próxima a mim. Quando não estou ocupado com meu trabalho, somos inseparáveis e passamos todo o tempo juntos. Vamos juntos a recepções, ao teatro, passeamos, praticamos esportes juntos, fazemos trocas o tempo todo, de maneira contínua.

Ela e eu somos diferentes e complementares. Nós nos alimentamos, nos enriquecemos mutuamente e evoluímos em conjunto: ela é intuitiva e eu sou racional; ela tem uma alma de artista imaginativa, ao passo que sou mais voltado para o lado científico. Ela sempre privilegia a estética e eu, a funcionalidade.

O que eu procurava numa mulher, numa companheira, encontrei em Carole. Nunca nos entediamos na companhia um do outro. Podemos passar dias juntos sem fazer nada de especial, sem nos aborrecermos. Isso nunca tinha me acontecido antes. Eu, que sou de natureza mais solitária, sinto uma necessidade irresistível de estar perto dela quando Carole está em casa. Parece que somos imantados. Há mais de dez anos que nos conhecemos, vivemos juntos há quatro anos, e os anos apenas reforçam nossa ligação extraordinária e única.

Carole é muito amorosa, e sua ternura maravilhosa converteu-se numa droga para mim! A combinação de todas as suas qualidades fez com que ela se tornasse insubstituível. Nos momentos de angústia e de dúvida, preciso falar com ela, ter sua opinião, seu sentimento. Na prisão, tive que me fortalecer psicologicamente diante dessa perda de referências.

Ela me faz falta como nenhuma pessoa jamais me fez, principalmente porque constato a extraordinária dimensão do seu amor à medida que os dias passam. Descubro a profundidade da minha ligação com ela graças a seu comportamento, seu engajamento, suas iniciativas para me ajudar. Tenho, é claro, meus filhos comigo, e eles me retribuem, mas um filho não é um substituto. Ele é importante em si mesmo, mas nunca pode substituir o companheiro amoroso. Não é seu papel. Para aguentar o choque dessas proporções, preciso de grandes motivações. Carole é um chamado para que eu saia do meu jugo e me livre de minhas cadeias.

Soube por minhas filhas que ela recebe cada dia mais apoios, de políticos, de executivos de empresas... Já não é sem tempo! Não foram muitos os que se recusaram a se juntar à massa para me defender, ou ao menos para se indignar com o tratamento brutal ao qual fui submetido. Eu não conhecia Loïc Le Floch-Prigent, ex-presidente da petrolífera Elf. Sua observação a meu respeito me emocionou profundamente. "Quando se está no chão, todos o abandonam. Sobretudo quando você não faz parte do establishment, o que é o seu caso."

Thierry Breton, presidente da empresa de tecnologia Atos, foi o primeiro a intervir, dois dias depois da minha prisão: "Não quero tirar conclusões hoje, enquanto não sabemos bem o que está acontecendo", disse ele numa entrevista.*

A prisão tal como aconteceu foi de extrema violência. Conheço bem o Japão, é muito raro que dez pessoas do escritório do procurador de Tóquio venham à pista do aeroporto de Haneda, cercados por câmeras de televisão, para esperar um avião, como vimos, e que em seguida (a pessoa) seja presa e interrogada [...]. É um acontecimento que terá uma repercussão mundial [...].

O senhor me pergunta o que me chocou e eu respondo: ver, algumas horas depois desse acontecimento midiático da prisão de Carlos Ghosn, o diretor-geral da Nissan dar uma coletiva sozinho e dizer, se antecipando de certa forma ao conselho administrativo da empresa, que é o único com poder para destituir um dos seus membros, que o conselho vai se reunir na quinta-feira, ou seja, amanhã, mas já diz quais são as conclusões às quais o conselho vai chegar! Lembro que, no direito empresarial, só o conselho, e é absolutamente seu direito, está habilitado

---

* France Inter, L'Invité das 7h50, 21 de novembro de 2018.

a destituir um administrador ou o seu presidente. Ainda assim, é necessário que esse conselho se reúna, que os fatos sejam levados ao seu conhecimento, que o conselho delibere e que todas as partes possam ser ouvidas. Hoje Carlos Ghosn não pode ser ouvido por estar preso, não pode falar. O sr. Kelly* também não. Acho que o caso está apenas começando.

Ninguém é insubstituível, mas o que Carlos Ghosn fez... Acho que só ele podia ter feito, realizou um feito gerencial [...]. Quero dizer, é um executivo de empresa que tornou a Renault a maior empresa automobilística mundial, não esqueçamos isso.

Entre os raros políticos, Nicolas Sarkozy foi um dos que se manifestaram de forma imediata e me apoiaram incondicionalmente. Contudo, eu não o conhecia. Curiosamente, as pessoas que eram mais próximas de mim não se manifestaram. Mas pessoas com quem tive uma relação um pouco tensa no passado — como Thierry Breton, por exemplo, quando ele foi ministro das Finanças — e muitos anônimos exprimiram sua solidariedade. As coisas são assim. É uma lição de vida.

Emmanuel Macron, por sua vez, não desvia da sua linha: ele se recusa o tempo todo a se envolver no meu dossiê, como declarou. Mas denunciar uma injustiça é o mesmo que "se envolver"? Com esse tipo de posicionamento, compreendo que ele não fará nada.

---

* Meu colaborador na Nissan que foi preso ao mesmo tempo que eu.

Carlos

Julho-agosto

O verão em Tóquio é úmido e muito quente. Fora o revezamento que foi organizado por minhas filhas e minhas irmãs, não recebi outras visitas particulares. No fim de semana, aproveitamos para conhecer as cercanias de Tóquio e as regiões montanhosas próximas, como Halone e o monte Fuji. Um momento de absoluta inspiração. Nunca, sem essa prisão domiciliar, eu teria podido admirar tantas maravilhas. Um mal que vem para o bem, é o que me digo quando o moral vacila e essa natureza deslumbrante me ajuda a recuperar as forças.

Três dos meus primos, um que vive na França, outro na Suécia e um terceiro na Europa Oriental, combinaram de vir passar uma semana comigo. Um vento líbano-europeu soprou na minha casa e me fez um bem enorme! Eu também os levei para passear. Já que estou obrigado a viver em um país de belezas sublimes, por que não aproveitar seus encantos?

No mês de setembro surgem os primeiros sinais de outono, com uma explosão de cores nas árvores e folhagens, já visíveis nos grandes parques de Tóquio. Eu teria gostado tanto se Carole pudesse estar aqui para admirar comigo essa festa de amarelos, vermelhos e laranjas, além das folhas escarlates dos bordos que recobrem o chão. Ela ficaria encantada com tanto esplendor. Sua ausência, a impossibilidade de dividir minhas experiências com ela, me deixam muito frustrado.

Cada dia que passa, sou obrigado a juntar novas forças para alimentar minha resistência. Já que o meu horizonte está fechado, sou eu que devo criar aberturas, e a peça-chave é a confiança que tenho na determinação de Carole e da minha família de não me deixar e de encontrar soluções para me tirar daqui. Quero me mostrar à altura da força deles, da mesma forma que eles se mostram à altura da minha obstinação. É um círculo virtuoso: quando se fica de pé, os outros são obrigados a fazer a mesma coisa.

Carole

Quando estamos desesperados, sentimos necessidade de acreditar e depositamos nossa fé em qualquer crença. Podemos até nos agarrar ao que ultrapassa nosso entendimento. Prova disso é uma história que aconteceu comigo em setembro de 2019. Na época, Carlos estava em prisão domiciliar e não nos falávamos havia quase seis meses.

Em junho de 2019, eu estava almoçando em Paris com Tara quando uma mulher francesa me abordou. Ela se chamava Rachel e me disse que morou no mesmo bairro que eu em Nova York. Prometemos nos reencontrar nos Estados Unidos. E no fim de setembro, o destino fez com que nos encontrássemos e, dessa vez, tomamos um café juntas em Manhattan.

"Estou sabendo de tudo que tem acontecido com seu marido", diz ela, pesarosa. "É terrível, sinto muitíssimo por você. Escute, se quiser, posso tentar ajudá-la..."

A frase mágica! A chave que abre as portas para a minha total atenção! Rachel abaixa um pouco o tom de voz, como se não quisesse que a ouvissem:

— Sabe, durante a campanha presidencial, Donald Trump visitou o túmulo de um rabino que, segundo disseram a ele, fazia milagres... Bom... não sei se podemos chamar isso de "milagre", mas, de todo modo, ele venceu as eleições! Sei onde fica o túmulo. Gostaria que eu levasse você lá?

— Sim! Sim! Quero ir!

Dois dias depois, ela passou para me buscar em um táxi e fomos na direção do aeroporto J. F. Kennedy. Já é noite e a região está deserta. Ela pede ao motorista que pare em frente a uma casa e entra comigo. Lá dentro, sentados a uma mesa, judeus ortodoxos com seus longos casacos escuros me cumprimentam com um olhar sereno. Rachel deixa as coisas dela ali e me pede que a acompanhe.

— Venha, o cemitério fica a cinco minutos daqui...

O lugar é mal iluminado e eu caminho no escuro tropeçando no chão acidentado. A cada cinco passos, olho para trás. Estou morrendo de medo. Será que algo sobrenatural vai aparecer e nos perseguir?

Diante de um túmulo, Rachel se vira para mim e me estende um papel e uma caneta:

— Carole, escreva neste papel o que deseja pedir ao rabino. Rasgue-o e jogue os pedaços sobre o túmulo...

Foi o que fiz. Em seguida, acendi uma vela e a coloquei sobre a sepultura. Ficamos alguns minutos em silêncio, observando o tremeluzir da chama, depois fomos embora.

Em casa, ri de mim mesma. Para que algo bom acontecesse — a soltura de Carlos —, eu estava disposta a tudo, até mesmo visitar um cemitério à noite para escrever uma mensagem a um rabino morto! Naquele momento, eu poderia aderir a qualquer religião capaz de realizar milagres.

O mais engraçado é que, três meses depois, quando soube que Carlos retornou ao Líbano, Rachel me enviou uma mensagem: "Viu, Carole? Deu certo!"

Agradeci a ela do fundo do coração e com sinceridade. Quem quer que tenha sido o artífice daquele salvamento, eu lhe seria eternamente grata por ter me ouvido, por ter nos ajudado.

*
* *

De tanto relatá-las e denunciá-las, as condições de detenção de Carlos foram criticadas em vários artigos da imprensa internacional. Em contrapartida, o governo japonês se viu obrigado a realizar uma reportagem sobre a prisão de Kosuge. Exibiram o interior de uma cela, destacando os sanitários reluzentes, tudo impecavelmente limpo como se estivesse inabitado. Guardas patrulhando corredores de pisos bem polidos. Tudo é branco, tudo brilha sob os neons, como se estivéssemos em um laboratório, uma sala de cirurgia impecável. Mas não se vê nenhum detento, nem mesmo um rosto distorcido ou o eco de uma voz.

Se o governo queria mostrar que em Kosuge reinam a ordem e a limpeza, ultrapassou as próprias expectativas. Visivelmente, essa penitenciária é razão de orgulho para eles. Mas não imaginam quanto a visão fria de um lugar sem nenhuma manifestação de vida horrorizou os ocidentais! Os japoneses, aliás, ficaram muito surpresos ao lerem a reação consternada da imprensa internacional e interromperam sua operação "portas abertas".

O que sobressaiu naquelas imagens foi o lado asséptico, desumanizado. Prova disso é a matrícula com que os presos são identificados assim que são encarcerados. Nunca são chamados pelo nome. Nesse sentido, a reportagem mostra bem a dura realidade dos homens presos ali.

Ao ver uma segunda reportagem sobre Kosuge, compreendo que os japoneses ignoram tudo que acontece dentro da maior penitenciária do país. Um piquenique gigante foi organizado em volta da prisão para que os moradores de Tóquio e dos arredores comessem os mesmos pratos dos prisioneiros. Uma ideia estranha que, a julgar pela movimentação, não choca ninguém! As pessoas chegam com suas famílias, instalam-se no chão, sobre cadeiras dobráveis, com travessas de alimentos que a direção de Kosuge lhes distribui gratuitamente. Todos comem com prazer. Em seguida, as crianças começam a brincar em torno dos pais. Parece um típico passeio de domingo.

Um jornalista ouve as declarações dos convidados, que exaltam a qualidade dos pratos. "Os prisioneiros são bem tratados aqui. Realmente, não têm do que reclamar...", dizem com orgulho.

Suas palavras quase causam inveja!

Um pouco mais afastado, um homem de fenótipo europeu parece mais hesitante. Ele passou alguns meses em Kosuge e não tem a mesma visão que os japoneses a seu redor. "Não é isso que se come lá dentro", diz, apontando para os muros da prisão. "Juro que, por trás desses muros, é bem pior!"

Seja como for, foi devido a essa alimentação excelente e tão equilibrada que Carlos perdeu 10 quilos em quatro semanas...

Carole

Setembro de 2019

Carlos teve recusada pela quinta vez a autorização para se comunicar comigo e me ver. Até então, o pretexto dos procuradores era que eu poderia influenciar as testemunhas e destruir provas, prejudicando o inquérito. Agora, sou acusada de outra coisa. Como bem resumiu o jornal satírico francês *Le Canard Enchaîné*, em sua edição de 4 de setembro de 2019: "A sra. Ghosn foi impedida de visitar por delito de tagarelice".

No artigo, o jornalista cita o procurador japonês: "Carole participou recentemente de uma campanha midiática visando criticar sem razão o sistema penal japonês e difundir informações que questionam a sua confiabilidade." E ainda: "Nós não achamos que seja possível qualquer um impedir tais declarações da parte de Carole." Note-se que, curiosamente, o procurador de Tóquio me chama pelo meu primeiro nome. Eu acho graça. É de fato estranha essa forma que ele usa para citar meu nome... Parece que ele fala de mim como de uma criança insuportável e imprevisível!

"Não conseguimos fazê-la calar-se...", repete ele para quem quiser ouvi-lo. Que confissão de impotência! E por que eu deveria me calar? Ele não tem nenhuma razão para me proibir de falar ou ver meu marido. Para François Zimeray, a única explicação para essa proibição se resume em uma frase — "Vingança contra uma esposa que teve razão ao denunciar os desvios de um sistema...", explica ele na imprensa.

Vingança é o termo certo. Trata-se nem mais nem menos de represálias contra mim, uma mulher antes de mais nada, porque descrevi seu sistema judiciário para a imprensa. Ao privar meu marido da minha visita, o juiz e os procuradores visam ao mesmo objetivo: enfraquecê-lo para que ele se entregue.

Já se passaram cinco meses sem que eu tenha podido ouvir a voz de Carlos. Devo me contentar com o que suas filhas, que estão no Japão, me contam. Os filhos dele são admiráveis, estão mobilizados desde o início e não desistem de nada. É bonito de ver. Imagino quanto meu marido deve ficar emocionado ao ver que eles, a quem ele deu tudo, o visitam com tanta energia!

Quando seus visitantes estão perto dele, eles me chamam ao telefone e ligam o viva-voz. Como não tenho o direito de fazer nenhuma pergunta nem de me dirigir diretamente a ele, eu conto o que ando fazendo, quem tenho visto, como estou indo... Assim, ele ouve minha voz, mas está proibido de pegar o telefone e falar comigo. Tomamos cuidado para não burlar o limite. Se dermos um passo em falso, Carlos será enviado imediatamente de volta a Kosuge.

Apesar da falta de resposta do presidente Macron, peço ajuda de novo no fim de agosto, pouco antes da reunião do G-7 prevista para acontecer em Biarritz. Num comunicado, informo que Carlos espera a abertura do seu processo há 276 dias e que nenhuma data havia sido definida. E levanto a questão: já que o Japão participa do G-7 e se considera um país democrático, seu sistema judiciário não deveria seguir o modelo dos demais países?

Faço o que tenho de fazer, sem grandes ilusões. Não espero nem mesmo uma resposta da presidência. Não espero mais nada da França, mas continuarei até o fim a interpelar o presidente.

A boa surpresa é descobrir que o diretor norte-americano Francis Ford Coppola assumiu publicamente a defesa de Carlos — "Não conheço todos os detalhes, mas estou seguro de uma coisa: seu padrão de vida é o mesmo que o de todos os executivos que conheço que têm a mesma importância, os que comandam a Fiat-Chrysler, a General Motors. Eles não levam uma vida melhor que a de Carlos Ghosn, mas também não pior, tenho certeza disso...", disse, imaginando que Carlos é um peão utilizado pela parte japonesa em suas discussões com a Renault.

Ele, inclusive, me escreveu para saber o que poderia fazer para ajudar Carlos. Infelizmente, não muito, mas a sua posição corajosa e rara aqueceu meu coração.

Outros apoiadores começaram a se manifestar: senadores, deputados e executivos que denunciam o que vem acontecendo com meu marido. A senadora Joëlle Garriaud-Maylam, que representa os franceses que vivem no exterior, aceitou me receber. Fiz imediatamente um resumo da situação:

— A senhora sabe que vários senadores norte-americanos foram ao Japão para se encontrar com meu marido, que nem é cidadão dos Estados Unidos? Mas nenhum francês foi até lá...

— Ah, é?

— Sim, e é uma pena. Carlos é francês e é o presidente de uma grande empresa francesa...

Ela ficou em silêncio durante alguns minutos, pensando.

— Bem, vou tentar ajudá-la. Vou visitá-lo em dezembro e, nesse meio-tempo, você vai preparar o texto de uma petição que vou submeter a meus colegas senadores.

A senadora conseguiu 68 assinaturas de senadores. E preparou sua viagem ao Japão para o fim do ano de 2019.

*
* *

Chegou o outono. Os dias ficam mais curtos e o anoitecer que invade o fim da tarde me angustia. A cada dia, eu me pergunto quando vou acordar desse pesadelo. A imagem de Carlos me atormenta. Mal abro os olhos de manhã e já o imagino na casa de Minato que decorei para nós dois e onde não terei vivido nem um único dia com ele. Eu o vejo almoçando nos restaurantes aos quais estamos habituados, ou trabalhando com seus advogados, tudo o que representava a nossa vida quando estávamos juntos em Tóquio. Juntos, nada era mais importante. E todos esses pensamentos carregam a marca de uma doçura infinita, igual à gentileza com que ele me trata desde sempre.

Tento continuar viva, sensível, aberta aos outros, não me fechar numa amargura alimentada pela minha raiva, mas pareço com um robô que sai de casa a cada manhã, faz os gestos cotidianos com a única motivação de ajudar Carlos, com uma sensação de carência permanente e um buraco na cabeça e no ventre.

Em 8 de outubro de 2019, na rádio RTL, faço um último apelo ao presidente Macron: "O que me espanta é o silêncio ensurdecedor da França [...] ao passo que no Líbano, o presidente da República acompanha o assunto de perto [...]."

Repito que alguns senadores norte-americanos viajaram para encontrá-lo, enquanto a França o abandonou.

Falando desse silêncio incompreensível, dizendo que "na França, se alguém é rico e empresário, não será defendido pelo seu país", espero provocar alguma reação de Emmanuel Macron. E penso novamente naquela frase de François Zimeray que me dói tanto, porque eu a confirmo quando leio a imprensa francesa: "Podemos abandonar [Carlos Ghosn] com a consciência tranquila e, em nome de 'não vamos nos lamentar por ele', nós lhe negamos qualquer forma de empatia. Ainda mais grave, o respeito pela presunção de inocência."

Resumindo, por ele ser um homem bem-sucedido e que ganha muito bem, temos o direito de tratá-lo de qualquer jeito! Sinto também, de maneira confusa, que não sendo nascido na França e só tendo obtido a nacionalidade francesa ao assumir a direção da Renault, Carlos não é considerado cidadão desse país. Falam dele dizendo "o patrão libanês". Isso é cada vez mais frequente. E isso também me dói. Porque esquecem tudo o que ele fez pela Renault e pela economia francesa.

Quanto mais falo com a mídia, mais me sinto sendo a voz de Carlos, a porta-voz de um homem amordaçado. Sei que há no mundo acontecimentos muito mais dramáticos do que o que acontece com meu marido, e é por isso que devo cuidar para que ele não seja esquecido. Privado do direito de se expressar, sob pena de voltar para a prisão, ele se torna um pouco mais invisível a cada dia. Então eu falo, falo e não paro, cada semana com um órgão de imprensa diferente.

Não aceito que as informações a seu respeito caiam na indiferença geral. Quero que saibam que meu marido não pode nem mesmo preparar sua defesa em boas condições. É normal que, quase um ano depois da sua detenção, ele ainda não tenha acesso à versão integral do texto acusatório? Certos documentos são resumidos, sob o pretexto de que os procuradores não tiveram tempo de fazer cópias de todos os documentos. Dá para levar isso a sério?

Quando eu menciono, nos órgãos de comunicação, o risco de um processo stalinista num país que é membro do G-7 e que assinou as convenções de direitos humanos mas não as respeita, dizem que estou me excedendo. Não, eu digo a verdade, uma verdade que é desagradável mas também incontestável.

Falo também porque o tempo passa e estou com medo. Temo que Carlos possa ser preso pela terceira vez. O risco existe o tempo todo nesse país onde os procuradores são a lei. Tenho medo porque meu marido não confessará o que ele não fez, agora menos ainda do que antes, e não vai suportar uma terceira detenção. Sinto medo porque parece que vamos ficar sem saída se a França ou a comunidade internacional não se envolverem.

Sei que meu marido é um lutador, ele já me demonstrou isso, mas quanto tempo ele aguentará? Não existe tortura pior do que não saber o que nos espera. Sem vê-lo, sem escutá-lo, sem poder falar com ele ou ler suas mensagens, tenho a impressão de que ele poderá ficar sem fôlego.

"Seja forte, tudo isso vai passar...", disse-me ele por intermédio do seu advogado. Dei um sorriso como se ele tivesse murmurado no meu ouvido. Será que ele está vendo mais longe do que eu? Talvez ele esteja vendo o fim do túnel do qual eu falava quando nós podíamos nos escrever, ao passo que, certas noites, eu afundo na fadiga e na dúvida.

Carlos

Nosso primeiro contra-ataque verdadeiro.

No dia 24 de outubro, durante uma audiência preliminar do processo que deveria começar em abril de 2020, segundo me informaram — mas sem nenhuma garantia —, meus advogados pedem ao juiz a anulação de todas as acusações contra mim e a minha liberdade. Como justificativa para essa iniciativa inédita no país, eles denunciam a violação, pelos procuradores, de uma dezena de regras penais que detalham e das quais apenas uma bastaria para ter tornado o processo ilegal em qualquer país democrático dotado de um mínimo de justiça.

Assisto à audiência, e como mais uma vez sou proibido de falar, tenho o tempo todo para observar, sentado na primeira fila, a cena da qual sou o único espectador. Como de hábito, o juiz escuta meus defensores com ar ausente, sem vacilar, sem tomar notas, sem mexer uma sobrancelha. Depois ele declara que vai estudar nossa demanda e encerra a sessão. "Que perda de tempo!", deve ter pensado o juiz, enquanto arrumava suas pastas. Essa intervenção não servirá para muita coisa, tenho certeza, mas quero mostrar à imprensa e ao mundo todo que, depois de quase um ano de cativeiro no Japão, não vou entregar os pontos.

Durante a coletiva que acontece em seguida, Hironaka explica a cumplicidade que existe entre a procuradoria de

Tóquio, certas pessoas da Nissan e "outros que participam dela", ou seja, o Ministério da Economia, do Comércio e da Indústria do Japão.

"Foi assim que eles se livraram do francês, da noite para o dia! É muito fácil!", explica de maneira simples um dos meus advogados franceses, Jean-Yves Le Borgne, que não hesita em qualificar essas ações de "métodos de bandidos".* Neste "processo-pretexto", como ele o chama, são os advogados japoneses que dizem a juízes japoneses que o Japão se imiscuiu num caso curioso, estranho e lamentável. "O Japão deveria dar marcha a ré para sair dessa história por cima...", conclui meu advogado. Eu duvido, na verdade. Quem conhece os japoneses e seu orgulho e fatalismo, sabe que insistirão nos seus erros até o fim para não ter que admitir uma derrota. Nessa questão, não espero nada deles.

Neste mesmo mês de outubro, descubro pela imprensa que Thierry Bolloré foi demitido da Renault. No conselho administrativo, Jean-Dominique Senard teria dito a seu respeito: "O poder não se divide, é ele ou eu." Infelizmente, no embate que aconteceu entre os dois homens — ou melhor, na verdade, na confusão das intrigas políticas —, Senard contava com o apoio do Estado e, portanto, foi ele quem acabou ganhando.

Thierry Bolloré teve de sair apenas dez meses depois da sua nomeação como diretor-geral... Incrível! "Não existe nada pessoal nessa decisão", afirmou Senard à imprensa.

---

* BFM Business, 24 de outubro de 2019.

Apesar disso, Bolloré critica o Estado por tê-lo abandonado. Bem-vindo ao clube!

"Um grande executivo empresarial" na boca dos políticos — isso quer dizer um executivo que seguirá à risca todas as diretivas do Estado. A obediência em primeiro lugar, e só depois a competência e o desempenho. Basta ver o histórico das grandes empresas francesas: EDF, Alsthom, Areva... Apesar das belas declarações de intenção, o Estado as enfraqueceu.

Eu conhecia a dureza do mundo empresarial — se bem que, neste tipo de situação, a empresa nunca agia assim. Quando um dirigente se vê em meio a uma tormenta, ela o protege, pelo menos para não prejudicar a marca, e, quando existem diferenças, busca um acordo. Ao contrário do Estado e dos políticos, que, para dar o exemplo, cortam cabeças fria e cinicamente. Mesmo por interesses de curto prazo.

Quando Thierry Bolloré se foi, pensei comigo mesmo que, para a Renault, as coisas iam mal. Vejam os resultados de hoje... São de dar pena.

Algumas semanas depois, sou informado de que Bolloré enviou ao conselho administrativo da Nissan, três dias antes da sua saída, "uma mensagem explosiva na qual ele denuncia a falta de transparência e o ambiente deletério que reinam na Nissan"! De acordo com o *Le Monde*:*

a carta descreve um gerenciamento no mais alto nível no qual predominam a suspeita, a delação, o ocultamento de informações entre a direção do grupo e os administrado-

---

* lemonde.fr, 16 de dezembro de 2019.

res, bem como entre os próprios administradores. Uma organização sem cadeia de comando visível, na qual um dos representantes da Renault — a principal acionista da Nissan, com 43% do capital — recebe mais informações pela imprensa ou por mensagens anônimas do que pela via hierárquica clássica.

Vejam a que ponto chegou a Aliança! Suspeita, delação, cartas anônimas... Foi preciso a coragem do diretor-geral da Renault para denunciar um desastre dessas proporções. Mas no Japão, como já disse, não se dizem todas as verdades. Como imaginar, mesmo que por um segundo, que os japoneses aguentam críticas virulentas — mesmo que sejam justificadas — e públicas sem reagir de forma brutal? Atuando dessa maneira, Thierry Bolloré deu um tiro no próprio pé. É evidente que essa carta escrita com a ajuda de Senard e da direção jurídica da Renault é o detonador de uma decisão que necessitava apenas ser ratificada. Parece uma armadilha!

Carlos

19 de novembro de 2019

Faz um ano que sou refém do Japão e de seus juízes, um ano que o país me mantém prisioneiro sem definir a data do processo e sem que eu saiba quando todo esse inquérito terminará.

Neste 19 de novembro, triste dia do meu aniversário, meus filhos, Caroline, Nadine, Maya e Anthony, publicaram um texto para que eu não seja esquecido. Ao lê-lo, constato que a sua determinação em me ajudar continua intacta. Como Carole, eles mantêm a sua opinião.

Leio o texto publicado em forma de carta aberta,* dirigida às instâncias judiciárias japonesas, com o coração transbordando de amor ao descobrir suas palavras que exprimem tão bem a tristeza de saber que estou sofrendo. Num parágrafo, a evocação da sua infância no Japão me perturba:

> Cada um de nós tenta compreender como um país tão desenvolvido como o Japão pode permitir que os direitos humanos — dos quais nosso pai deveria poder se beneficiar — sejam desrespeitados dessa maneira. Para nós, que

---

* franceinfo.fr, 19 de novembro de 2019.

crescemos no Japão, esse país era, antes de mais nada, um lugar maravilhoso. Ignorávamos esse lado sombrio. Ele nos foi revelado por este caso. Essa proximidade com o país nos leva a desejar a abolição de um sistema como esse, não apenas em benefício de nosso pai, mas também de todo o povo japonês.

Lendo essas frases, eu os revejo, ainda crianças e adolescentes, nas ruas e nos parques de Tóquio. Anthony passou aqui os dez primeiros anos da sua vida. Foi um período que o marcou, ele é muito ligado a este país. E me sinto emocionado ao ler que meus filhos pensam nos japoneses presos arbitrariamente nas cadeias japonesas, além do próprio pai.

Carole

E chegamos à data de aniversário que tanto temíamos... Faz um ano que Carlos está preso no Japão. O juiz, que deve saber que todo aniversário merece um presente, decidiu nos oferecer um também. Em 22 de novembro, poderemos conversar por videoconferência, e durante uma hora!

"Vocês não estarão sozinhos, precisarei estar presente, e vocês só poderão falar de temas previstos em uma lista...", explica Takano, por telefone.

E acrescenta que, assim que a conversa terminar, o conteúdo será enviado ao juiz e aos promotores. Eles não têm mais o que fazer!

Quanto aos temas, eu já até imagino quais sejam: o que faço de meu tempo, quais amigos encontro, como vai a saúde de minha família e a de meus filhos, como está o tempo no lugar de onde falo... Carlos me responderá se está fazendo sol em Tóquio. É proibido sair do roteiro, mas é melhor do que nada. E estou muito feliz de poder ver seu rosto, ouvir sua voz!

Em 22 de novembro, estou em Nova York com meu filho Daniel. O encontro é marcado às 12h30 para Carlos no Japão. Com a diferença de fuso horário, é meia-noite para mim. Quinze minutos antes, vou para a frente do computador e aguardo. O adiantado da hora torna essa ligação "sob controle" ainda mais estranha.

À meia-noite, toca o sinal sonoro do Zoom, o programa de videoconferência. Carlos aparece. Ele está com Takashi Takano em seu escritório. Depois de tantos meses sem vê-lo, temo encontrá-lo cansado, magro... Mas me tranquilizo: ele não mudou muito, está até com boa aparência. Será por conta do imenso sorriso que ilumina seu rosto?

Eu também sorrio, muito emocionada, dou um sorriso e só consigo dizer que estou feliz por vê-lo, que o amo e que sinto falta dele. Nada me importa mais do que isso. Ele também ri, responde-me as mesmas frases, seus olhos devoram os meus. Por ora, não nos importamos com a lista de perguntas, só queremos nos olhar e sorrir. O que damos um ao outro nesse momento não pode ser regulado por ninguém.

Em seguida, pegamos as respectivas listas:

— Como vão seus pais?

— Muito bem. E você, suas irmãs?

Parecemos dois robôs e acentuamos a impressão ao pronunciar cada pergunta com um tom tão mecânico que nos faz rir, cada um de seu lado. Já que não podemos dizer nada de espontâneo, é preferível, então, mostrar que não somos tolos e que faremos o que quisermos daquele momento que nos concedem.

Quando a tela se apaga, continuo sorrindo. Fui dormir com o coração transbordando de amor e ternura por meu marido, cujos olhos risonhos foram o melhor remédio para uma noite tranquila. A primeira em muito tempo.

Quando, nos dias seguintes, o advogado de Carlos solicitou uma nova data para que pudéssemos nos falar da mesma forma, o juiz negou. Mais tarde... No Natal. Quem sabe...

Os dias se passam e, ansiosa, vejo se aproximar o fim do ano, o período das festas. Será que vou passar um segundo Natal sem Carlos? Como todo ano, meus filhos virão a Beirute, e prometi a mim mesma que estarei um pouco mais presente que no ano anterior, quando passei boa parte da noite sozinha em meu quarto. Quero me manter positiva por eles. A ideia a que me agarro e que me mantém de pé é que, diferentemente do ano passado, Carlos não estará na prisão nem sozinho em sua casa. Suas irmãs e suas filhas estarão lá. Imagino quanto carinho e atenção elas devem mobilizar para que ele continue firme... Sem que ninguém saiba realmente até quando.

Entretanto, em 25 de dezembro, o juiz nos concede meia hora de conversa, nas mesmas condições da anterior. Vai ser nosso presente de Natal. É muito estranho: a tela se acende e o rosto de Carlos aparece como num passe de mágica, sério, a princípio, depois com um sorriso amoroso. A lista das perguntas impostas pelo juiz termina logo: Carlos já sabe como estão minha família, meus amigos, e não está nem aí para o tempo em Beirute. Como as palavras têm pouca importância, satisfaço meu olhar com o olhar dele, com o sorriso dele, eu os atraio como se pudesse trazer meu marido para mim, arrancá-lo de sua prisão. E como é cruel o instante em que a tela se apaga e penoso o momento seguinte, quando preciso me recompor e fingir que estou vivendo! Quando nos veremos agora, Carlos?

Quando pergunto mais uma vez aos advogados japoneses se conseguirão libertar meu marido, me respondem o mesmo: "Vamos fazer de tudo para isso..." Essa frase me enlouquece, porque expressa toda a impotência deles. Eles não vão conseguir. Já não tenho esperança.

Em 27 de dezembro, dou a última entrevista do ano à revista *Forbes*, na qual, novamente, critico o governo japonês. "São todos mentirosos. O Japão é uma falsa democracia e sua organização é chocante", digo por telefone ao jornalista. Minha exasperação e violência disfarçam meu cansaço. Estou no limite. Eu nunca teria imaginado iniciar um segundo ano sem Carlos e não suporto mais essa separação. Não suporto mais essas alegrias amputadas, esses risos que terminam em lágrimas, meus pensamentos que deságuam sempre nele. Só queria que Carlos estivesse aqui.

Carlos

30 de dezembro de 2019

Quando cheguei à conclusão de que seria tratado de maneira injusta, que todo o sistema penal japonês estava organizado para me derrubar, e não para tentar ver de modo objetivo até que ponto eu era realmente responsável, comecei a pensar em deixar o Japão.

O que facilitou essa decisão foi a completa ausência de esperança que eu tinha se ficasse. Pelo contrário: desde o início, os japoneses deram todos os indícios de que nunca haveria justiça, que eu continuaria a ser vítima da mentira e do cinismo total. O que eu tinha a perder?

Não havia esperança. A dúvida cresceu e, um dia, eu disse que não esperaria mais porque não havia mais nada para esperar.

Meus advogados japoneses, que sabem quanto dependem da boa vontade dos procuradores, tiveram a honestidade de não me enganar com o impossível. Junichiro Hironaka me explicou qual era a margem de manobra da qual ele dispunha: "Sr. Ghosn, não podemos prometer que o senhor terá um processo e um julgamento imparciais, mas vamos lutar para que o senhor seja inocentado, porque estamos convencidos da sua inocência. Vamos continuar nesta batalha, por uma questão de princípio."

"Por uma questão de princípio." Não era tranquilizador. Seu colega Takashi Takano tinha mesmo sido mais direto e ainda mais pessimista! "Nosso sistema penal me faz pensar no romance de Lewis Carroll, *Através do espelho e o que Alice encontrou lá*. Um mundo onde o tempo anda para trás e a sentença chega antes do veredito. No qual a pena antecede o questionamento sobre a culpabilidade ou a inocência."*

Eles acreditam na minha inocência, mas que peso terá isso diante dos juízes e dos procuradores? A ideia de não poder me defender e me exprimir como quero é insuportável. Há treze meses peço para ser ouvido e meu pedido é negado com desprezo, uma crueldade que não se justifica de modo algum. Desculpem, mas não continuarei a ser amordaçado. A estação de caça acabou.

Minha decisão de deixar o Japão ficou ainda mais forte quando o juiz rejeitou mais uma vez meu pedido para ver Carole. Tudo foi organizado em poucas semanas. O que eu tinha a perder, já que o resultado era conhecido com antecedência? Será que eu poderia imaginar fazer parte dos 0,6% inocentados pela justiça japonesa? Aliás, eu não seria "inocentado", já que não confessei nada. Devia então aceitar a possibilidade de passar 10 ou 15 anos na prisão, sendo que não fiz nada de errado?

Não era possível. Ninguém aceita tal injustiça. E, quando uma situação é inaceitável, é necessário contorná-la. Então tomei a minha decisão. Eu não ficaria à mercê de um sistema

---

* capital.fr, 24 de setembro de 2019 (François Miguet, Jake Adelstein).

que anda para trás e no qual, para completar a descrição feita por Takano, as pessoas andam de cabeça para baixo!

O fato de ter relações completamente cortadas com minha mulher e meu filho, e de não ter nenhuma perspectiva de reencontrá-los em breve, é um fator determinante para a minha saída. A ausência deles me enfraquece. Sempre disse que se o juiz tivesse permitido a Carole compartilhar minha liberdade vigiada, uma boa parcela da motivação para deixar o Japão deixaria de existir.

Eu parto para evitar ser moído pela máquina japonesa. Parto para reencontrar minha mulher. Voltar ao Líbano é, antes de mais nada, um gesto de amor por Carole. Foi por causa dela que decidi enfrentar todos os perigos.

Vou precisar lançar mão de toda a minha criatividade e capacidade de empreender e organizar. Vejo esse projeto de partida como um "empreendimento", o que sempre fiz no âmbito do meu trabalho, com decisões a serem tomadas, alternativas a serem consideradas, opções a serem privilegiadas, escolhas a fazer e os riscos a correr, inerentes a qualquer iniciativa.

É a decisão mais difícil e perigosa da minha vida. Os riscos são consideráveis e as consequências, em caso de fracasso, dramáticas, sobretudo para os meus familiares. Quanto a mim, sei o que me espera. Tenho a consciência de que posso ser preso no meio da ação ou a qualquer momento: basta que um japonês me reconheça e me denuncie à polícia para que ela ponha em marcha um dispositivo monumental. Eles me descobrirão, obrigatoriamente. Nesse caso, a equação é simples: retorno direto a Kosuge. A sanção será definitiva.

Depois de ter visualizado esse cenário catastrófico, parei de pensar nele. Meu plano tem que dar certo e o fracasso não é uma opção. Existem momentos em nossa vida nos quais não existe plano B, nos quais não se pode sequer ensaiar o que terá de ser feito no dia D. Tudo precisa funcionar de primeira.

A partir do dia em que decidi que não passaria o ano-novo em semiliberdade, fiz entrar uma dose vertiginosa de esperança na minha vida. Enfim, existia uma perspectiva de o pesadelo terminar! Se meu projeto desse certo, minha vida seria transformada, eu reencontraria a liberdade, Carole, meus filhos, minhas irmãs, meus amigos. O que eu tinha a ganhar era considerável em relação ao que eu poderia perder.

Muitos comentaram sobre a minha saída do Japão, enfatizando os riscos, o esforço físico e mental, a dimensão quase ficcional de toda essa operação. Não é assim que eu a vejo. Não sou um aventureiro, mas um homem com convicções. A partir do momento em que estou convencido de que algo deve ser feito, vou até o fim. É claro que eu me sentia capaz de suportar o que essa "expedição" iria exigir de mim, dos pontos de vista físico e psicológico. Mas, repito, a fuga é uma convicção, não uma aventura.

Ficar no Japão equivalia a uma morte lenta, um fim programado. Um mau kabuki! Ao deixar o país, não parti para a aventura. Simplesmente, salvei minha pele.

Perto do fim de dezembro, chamei de volta os jornalistas que eu tinha encontrado em abril e aos quais eu tinha sugerido fazer uma reportagem sobre os agentes de segurança pagos pela Nissan.

— Eles continuam me seguindo, é ilegal! Por que vocês não vêm fazer sua reportagem agora?

— Sim... É verdade que nessa época de festas temos um pouco mais de tempo! Tudo bem, iremos dentro de três dias.

As coisas aconteceram como eu tinha previsto: assim que os jornalistas chegaram para filmá-los, meus "seguidores" desapareceram, como da primeira vez. A partir daí, eu não estava mais sendo vigiado.

No dia seguinte, fui embora.

*
* *

Nas horas que antecedem minha saída da casa em Minato, sou tomado por uma sensação de ansiedade difusa e invadido por todo tipo de pensamento sobre as maneiras como as coisas poderiam transcorrer. Depois, me esforço para criar um vazio dentro de mim, de não ter pensamentos negativos como: "E se me reconhecem? E se não der certo? E se... E se..." Os riscos são grandes, mas devo ficar concentrado no meu objetivo. Cada vez que as ideias parasitas tentam furar essa concentração, eu as despacho. Não deve haver preocupação inútil nem alegria prematura. Minha determinação de fazer tudo para que o projeto dê certo é extraordinária. Essa preparação psicológica é a primeira etapa.

A segunda é atravessar a porta da casa.

Ao abrir a porta, digo que talvez o esteja fazendo pela última vez na minha vida. Existe em mim um misto de tensão e atenção: ao partir, e antes que a porta se feche, verifico mentalmente se não deixei nada para trás, se não esqueci nada importante. Depois, será tarde demais.

Essa partida é o resultado de um longo trabalho realizado antes. Uma página do passado é virada. Neste momento, uma nova página do meu futuro começa a ser escrita.

Essa passagem à ação gera muita excitação. Enfim, vou tentar executar o que foi imaginado, pensado, planejado, organizado. Sinto-me como uma potência que segue adiante, um veículo cujo motor foi aquecido durante um longo tempo e que parte de repente, sem que ninguém espere, porque o motorista pisou no acelerador!

Mesmo podendo me deslocar por Tóquio e seus arredores nesses meses de semiliberdade, hoje tenho a impressão de romper um imobilismo. Caminhando na rua, tomando um táxi e um trem, saio do meu perímetro autorizado. A transgressão é o primeiro passo em direção à minha libertação. Sinto-me calmo e tenso ao mesmo tempo, a calma do "até aqui, tudo bem...", que pode oscilar no momento seguinte.

Uma onda de pensamentos me invade novamente: Carole, meus filhos, Beirute, a liberdade... Pensamentos deliciosos dos quais eu me afasto para me concentrar mais. Ou, mais precisamente, para que nada me distraia das diferentes etapas desta operação. Ainda não chegou a hora do relaxamento e das comemorações.

Em seguida, vem a fase na qual me transportam de um lugar para outro e na qual, depois de um longo silêncio, ouço os motores de um avião. É quando sinto o começo de uma esperança e certa alegria. Estou chegando perto da saída. Tenho a sensação de ter sido privado de sol durante um longo tempo e de sentir, sem vê-lo, o calor dos raios solares no rosto. É o início da libertação do sequestro japonês.

A espera da decolagem é interminável, sem dúvida muito mais demorada na minha imaginação do que na realidade. Depois, sinto que nos movimentamos, o piloto acelera, o avião sai do chão e se eleva nos ares. Nessa ascensão, meu corpo o acompanha. Há um paralelismo perfeito, como se a pressão que existe em mim se evaporasse ao mesmo tempo que os gases da combustão escapam.

Em seguida, volta a calma. Um obstáculo importante foi ultrapassado. Até aí, tudo bem.

Quando decola o segundo avião, que me leva da Turquia até o Líbano, tudo se distende dentro de mim. Eu até me surpreendo ao bater papo sobre assuntos diversos com a aeromoça da companhia privada, como se tivesse necessidade de me reconectar com alguma normalidade. Pela primeira vez em catorze meses, começo a reencontrar algumas referências aparentes.

Feliz o viajante que a sua cidade querida
Vê entrar no porto às primeiras luzes do dia!
Que saúda ao mesmo tempo o céu e a pátria,
A vida e a felicidade, o sol e o amor!
("A volta", Alfred de Musset)

Carlos

Beirute, 5 horas

O avião aterrissou em Beirute às primeiras luzes da madrugada. No momento que o avião pousa na pista nesta manhã, 30 de dezembro de 2019, compreendo que estou a salvo. Desço os degraus do avião, o ar fresco bate no meu rosto e me revigora. A calma ao meu redor é impressionante. Não há nenhum outro avião no aeroporto além daquele que me trouxe. Este momento, em que estou quase sozinho no silêncio do dia que se anuncia, é de uma beleza imensa.

Ando até o saguão de chegada dos voos particulares, onde um policial da alfândega me cumprimenta antes mesmo que eu mostre minha carteira de identidade libanesa: "Bom dia, sr. Ghosn! Faz tempo que não o vejo. Bem-vindo ao seu país!"

Eu não podia ter sonhado com uma recepção mais bela.

Diante dessa fraternidade que se exprime de modo tão simples, sou tomado de emoção. Estou em casa!

De fato, faz tempo, faz muito tempo... Também senti falta do Líbano. Mas tudo tem conserto: abandonei meu cemitério japonês e estou de volta.

O pesadelo termina nesse instante e o peso que carreguei no meu peito desde o terrível 19 de novembro de 2018 desaparece. Como o guerreiro que chega de uma batalha, posso depor minhas armas, não há mais perigo. Tenho a impressão de sair de um coma profundo e voltar ao mundo dos vivos.

Um amigo veio me buscar no aeroporto. A caminho do centro da cidade, seu carro percorre as avenidas desertas, as ruas estreitas com o asfalto esburacado. Ele dirige rápido, mas com cuidado, não queremos sofrer um acidente justo agora! As vitrines decoradas de dourado e prateado começam a piscar — apesar de ainda ser muito cedo, o Natal e o ano-novo estão em toda parte —, o ambiente é festivo e vou ao encontro de Carole, que já deve estar me esperando na casa da sua mãe.

À medida que me aproximo de Carole, meus batimentos cardíacos se aceleram. Minha emoção está à altura do sofrimento do qual fui vítima durante quase um ano. A alegria de estar livre e de rever minha mulher se mistura à euforia de ter escapado de tudo a que tentavam me submeter e de ter chegado ao meu destino sem problemas. Tudo aconteceu como eu havia previsto. Foi um golpe de mestre.

O carro parou num sinal vermelho. Pela janela aberta, respiro profundamente os aromas da cidade da minha infância, ouço Beirute que acorda, os pios das rolinhas que cortam o céu... Ainda não consigo acreditar que estou de volta, que estou no Líbano!

Na calçada, um casal idoso que acordou cedo olha para mim sorrindo. "Sr. Ghosn... Bem-vindo de volta!", gritam eles para mim, acenando com alegria.

Carole

Em 30 de dezembro, às seis horas, meu celular toca. Atendo, com o coração acelerado. É Alexandra, uma amiga de infância. Preocupada que ela tenha me ligado tão cedo, pergunto o que está havendo, mas ela me interrompe com uma voz alegre: "Carole, levante-se e vá agora mesmo para a casa da sua mãe! Tenho uma surpresa para você..."

Ela acaba se oferecendo a fim de me buscar de carro, para não levantar suspeitas dos guardas que vigiam minha casa o tempo inteiro.

Vesti-me com pressa e saí discretamente pela porta dos fundos. Àquela hora, quando todos costumam estar dormindo, os agentes da Nissan estão menos vigilantes e não me veem. Alexandra me espera um pouco mais à frente na rua. No Líbano, nessa época do ano, o sol já nasceu, mas a rua está deserta. Sento-me ao lado dela no carro e seguimos em direção ao bairro onde moram meus pais.

Eu já sei qual é a surpresa. Mas... será que estou sonhando?

Chegamos em frente à casa. Alexandra estaciona e, ao sair do carro, vejo Carlos saindo de outro veículo e sorrindo na minha direção, estendendo-me os braços.

Eu o observo andar na minha direção como em um filme. É inacreditável vê-lo aqui, em Beirute. LIVRE, FINALMENTE!

Atiro-me em seus braços e assim permaneço por muitos minutos, sem conseguir pronunciar uma palavra, tamanha a emoção que trava minha garganta. Quando tenho certeza de que não estou sonhando, beijo meu marido e ele envolve minha cabeça em suas mãos.

— Você é minha leoa... — murmura.

É o dia mais feliz da minha vida.

Em um segundo, toda a pressão de um ano, todas as dores, as lágrimas e o peso terrível que recaíam sobre meus ombros foram embora. Eu me sinto tão leve! Carlos está comigo, ninguém mais vai machucá-lo. De agora em diante, tudo ficará bem.

*
* *.

Não sou a única a ter dificuldade de acreditar no que está acontecendo! Minha mãe me contou uma anedota muito divertida. No momento em que Carlos e eu tomávamos o elevador e subimos para a casa dela, Marie, uma de suas vizinhas de longa data, viu-nos de longe. À tarde, como todos os dias, encontrou as amigas para jogar cartas. Subitamente, ela gritou:

— Hoje de manhã vi Carlos Ghosn e a esposa no elevador!

Suas amigas olharam para ela, espantadas.

— Ah, claro! E a gente viu o papa!

Marie insistiu, jurando que era verdade, mas as outras não queriam saber.

— Pare, Marie, está falando besteira! Vamos jogar!

Ninguém acreditou nela!

Por volta das oito horas, Carlos ligou para a Presidência da República. Transferiram a ligação para o presidente Aoun, alguns minutos depois.

— Senhor presidente, aqui é Carlos Ghosn. Gostaria de informá-lo de que estou no Líbano há duas horas...

— É mesmo? Então quer dizer que você foi solto? Parabéns!

— Ahn... não exatamente, mas... Posso encontrá-lo para explicar tudo?

— Venha! Venha!

Carlos me pegou pela mão e seguimos até o gabinete da presidência. Chegando lá, evitamos a entrada principal. Apesar disso, um jornalista o reconheceu de longe e repassou a informação à televisão: Carlos Ghosn está no Líbano!

Por volta das dezoito horas, a notícia é destaque em todos os veículos de imprensa libaneses. Por coincidência, na mesma noite é realizado um jantar na embaixada do Japão. Quando uma jornalista pergunta ao embaixador o que ele acha do retorno de Carlos Ghosn ao Líbano, ele arregala os olhos.

— Não! Carlos Ghosn está no Japão! O que está dizendo?

— Não, não, ele está no Líbano, nós o vimos! Então, o que tem a dizer sobre isso?

O embaixador se afastou sem responder e foi visto digitando freneticamente em seu smartphone. Em seguida, saiu da sala sem se despedir de ninguém.

Telefonamos para nossos filhos, nossas famílias, para todos os nossos amigos, as duas Marias, Rabih, Kamal, Dina... que gritaram de alegria. Carlos atende ao telefonema de May, que reconhece a voz dele e exclama "Mas quem está falando?!", antes de me obrigar a jurar que é ele mesmo. E respondo a outras pessoas que me bombardeiam com mensagens, as mesmas pessoas que se manifestaram no dia da prisão de Carlos, festejando de forma contida, temendo que a notícia fosse falsa.

— Carole, é verdade? Carlos está mesmo em Beirute com você?

Anne Méaux, que tinha acabado de aterrissar em Paris, tomou um avião imediatamente para nos encontrar e trabalhar com meu marido em seu próximo comunicado!

Que dia lindo, que maravilhoso dia de loucura!

Mais tarde, Carlos entrou em contato com seus advogados japoneses.

— Doutores, gostaria de dizer que estou no Líbano...

— Ah, é? E quando você volta? — respondeu Kawatsu.

Carlos pensou por um segundo que ele estivesse brincando.

— Mas... eu não pretendo voltar!

Será que o advogado pensou que meu marido se ausentou apenas para as festas de ano-novo?

No Japão, ainda é difícil acreditar, e ninguém se deu conta de nada ainda. A promotoria chegou até a fazer uma declaração dizendo que os rumores a respeito da fuga de Carlos Ghosn eram falsos. Foi preciso esperar o comunicado de Carlos na manhã seguinte para que os promotores japoneses entendessem que era verdade e enviassem policiais para arrombar as fechaduras da casa em Minato.

Comunicado de 31 de dezembro de 2019:

No momento, estou no Líbano. Não sou mais refém de um sistema judiciário japonês parcial, no qual prevalece a presunção de culpa, onde a discriminação é generalizada e os direitos humanos são violados. Onde há desconsideração absoluta com as leis e os tratados internacionais dos quais o Japão é signatário e que é obrigado a respeitar. Eu não fugi da justiça, eu me libertei da injustiça e da perseguição política. Posso, enfim, me comunicar livremente com a imprensa e o farei a partir da semana que vem.

Carlos

A coletiva de imprensa anunciada no momento da minha chegada ao Líbano acontece no dia 8 de janeiro de 2020. Eu tinha pressa em me exprimir, me explicar. Sabia que viriam jornalistas de muitos países, mas não imaginava que haveria tanta gente! A sala onde me preparo para falar está lotada, há câmeras e antenas por todo lado. Muitos não conseguiram entrar e acompanham a coletiva numa tela, fora da sala. Sente-se o clima de tensão, tão presente que eu o percebo na sala vizinha, onde aguardo.

A coletiva é introduzida por Aoun el Kaaki, presidente do sindicato da imprensa libanesa, que nos recebe em sua sede com muita gentileza. Ele me deseja as boas-vindas em árabe, diz quanto está feliz que eu esteja no Líbano, reitera sua admiração etc. Os que compreendem o idioma escutam, os demais inspecionam uma última vez o seu material. Vários minutos passam. Junto ao palco, vejo Anne Méaux, organizadora desta coletiva, cujos olhos inquietos se alternam sem parar entre Kaaki e seu relógio.

Devo começar a falar "exatamente" às quinze horas, explicou ela, já que meu discurso passará ao vivo nos canais de televisão franceses, norte-americanos, brasileiros, árabes, japoneses...* Kaaki sabe disso, mas, levado por seu entusias-

---

* Com relação aos canais de televisão japoneses, convidei exclusivamente a TV Tóquio, a única que se comportou de forma honrosa a meu respeito e que, eu sei, reproduzirá minha fala sem alterá-la e minhas pa-

mo e sua amizade por mim, passa um pouquinho da hora. Às 14h58, os repórteres solicitam a conexão ao vivo com suas redações e começam a se agitar. Alguém diz, dirigindo-se a Kaaki, um "Saia daí, vamos!" ligeiramente desrespeitoso.

Em pé diante dele, Anne Méaux aplaude freneticamente cada uma de suas frases, para sinalizar que ele tem de concluir. Em desespero de causa, quando chegamos às quinze horas, vejo que ela avança para o microfone, pega gentil, mas firmemente, Kaaki pelo braço e o faz descer do palco. Alguns risos explodem na sala.

Há muito barulho no recinto. Carole está sentada na primeira fila e não desgruda os olhos de mim. Sinto-me conduzido pelo seu olhar, pelo sorriso radiante que não abandona seu rosto há uma semana. Se a conheço bem, ela está nervosa por mim e, mentalmente, me envia vibrações positivas.

Espero até que todos estejam instalados, as câmeras, preparadas para me ver e me ouvir, e começo! A pressão é grande, a mais emocionante que senti em toda a minha vida. Fecharam minha boca durante catorze meses e, de repente, o mundo inteiro dirige seus microfones na minha direção e quer me ouvir. É intenso!

Decidi responder às questões no idioma no qual os repórteres me faziam suas perguntas. Em árabe, francês e português, e em inglês a todos os demais, para manter certa proximidade e, sobretudo, para que todos me compreendam bem. Disseram-me que as pessoas ficaram impressionadas de

---

lavras sem distorcê-las. Estão presentes também: *Shogakukan*, um órgão importante da imprensa, e *Asahi Shimbun*, um dos maiores jornais nacionais, que se mostrou objetivo na cobertura do meu caso.

me ver passar naturalmente de um idioma a outro. Foi o que fiz minha vida toda, durante inúmeras viagens.

Falei durante duas horas e meia. É muito e é pouco para resumir esses catorze meses, explicar quais são as acusações que pesam contra mim, de onde vêm os golpes e como me defendo no momento. Eu quis falar de tudo, das minhas condições de detenção, do sistema judiciário japonês, o da "prisão de reféns", dos interrogatórios sem a presença de advogados e das confissões que tentaram extorquir de mim.

Enfim, pude começar a responder, uma a uma, todas as acusações sem fundamento, mostrando às câmeras, graças a um PowerPoint, os primeiros documentos que provam minha inocência e que eu tinha sido proibido de apresentar até hoje. "São documentos que me foram confiscados e que consegui recuperar; tenho centenas deles, que os meus advogados colocam à disposição dos jornalistas..."

Citei o nome de alguns responsáveis pelo complô, em particular os mais desprezíveis, como Hiroto Saikawa e Hari Nada. Por respeito ao Líbano, que me acolhe, e para não prejudicar suas relações com o Japão, não fui mais longe na denúncia pública. Cada coisa a seu tempo... Quando um jornalista pergunta se acho que Shinzo Abe,* o primeiro-ministro japonês, está entre os cúmplices, rejeito essa hipótese — e sou sincero. Em compensação, não posso me silenciar sobre o conluio entre o pessoal da Nissan e os procuradores japoneses. Tenho muitas provas!

---

* Em setembro de 2020, Shinzo Abe pediu demissão do cargo de primeiro-ministro por razões de saúde. Tóquio.

"Por que violar as leis japonesas?", perguntou um jornalista da TV Tóquio.

Só posso responder a essa questão com outras perguntas: Por que os procuradores japoneses violam os direitos humanos? Por que não respeitam a presunção de inocência? Por que divulgam informações do processo para a imprensa? Tenho uma longa lista de violações cometidas pelos procuradores, se a imprensa japonesa estiver interessada. O que ela faria com isso?

Sinto-me feliz de poder me expressar livremente, mas, uma semana depois da minha fuga, ainda não estou recuperado: falo depressa, com nervosismo, às vezes minhas palavras se atropelam, como se meu tempo fosse limitado. Tudo ferve dentro de mim, como numa panela de pressão! Meu discurso não é sempre bem acabado nem perfeitamente controlado, mas tenho tantas coisas a dizer!

De Paris, de onde acompanhou minha coletiva, meu advogado Le Borgne acha que "entrei um pouco demais nos detalhes". É possível, e sem dúvida forneci muitas informações e números para uma primeira sessão de informações. Mas espero que me compreendam: naquele dia, tive a impressão de ter me comunicado mais com a alma do que com a cabeça. As palavras jorravam.

Houve um antes e um depois dessa coletiva. Eu sabia que todos esperavam que eu cometesse algum engano — eu não tinha o direito de errar. Ouvindo diretamente de mim o que tinha acontecido, muitos ficaram abalados com meu depoimento. Eles só tinham ouvido, até então, a propaganda oficial da Nissan, as alusões e omissões da Renault, a narrativa acusatória dos procuradores e as meias-palavras do governo francês. Apoiado em provas, respondi a todas as perguntas que os jornalistas me fizeram e mostrei que eu era inocente em relação a todas as acusações.

*
* *

O que vivi durante um pouco mais de um ano me fez descobrir alguns indivíduos covardes, ciumentos e invejosos, assim como muita feiura, indignidade e perversidade. Mas vi também alguma beleza, atitudes nobres e pessoas notáveis. É claro que não há equilíbrio na quantidade de pessoas, há mais gente ruim do que boa. Mas acredito que, quando se encontra um pouco de beleza e de humanidade, as coisas sempre dão certo.

Fui acusado de dureza, de comportamentos ditatoriais dentro da empresa. Quando penso em minhas relações com a diretoria da Renault e da Nissan, ou com meus colaboradores, não é este o sentimento que tenho. Não sou um homem violento, colérico ou que sente prazer em cortar algumas cabeças. Na verdade, não tinham medo do indivíduo, mas do poder, da influência que eu tinha.

Ao tentar me eliminar, a Nissan quis se livrar de um símbolo e do domínio francês na Aliança. Era um evidente sinal enviado à França que dizia: não esperem voltar jamais a uma situação na qual vocês sejam predominantes nessa "acoplagem". Ao me afastar, seus desejos se realizaram, já que, hoje, a Renault não tem mais nenhuma influência sobre a Nissan. Essa é a triste realidade, enquanto os funcionários dizem o contrário.

Teria sido suficiente que um representante do Estado japonês tivesse me dito que não queria "nova fórmula" na Aliança, na qual o governo francês estaria muito presente, para que eu concordasse. Nunca fui favorável ao uso da força: quando as pessoas não concordam com uma solução, não se pode impô-la, porque elas não a respeitarão.

É evidente que ao escolher se desfazer de mim, a coalizão em torno da velha Nissan livrou-se da influência francesa na Aliança! Mas eles não tinham previsto que a empresa iria andar para trás a esse ponto...

Os responsáveis da Nissan que organizaram minha saída me conhecem bem: eles devem ter pensado que, tendo trabalhado comigo durante vinte anos, poderiam dirigir a empresa à sua maneira e me substituir sem nenhum problema. Eles devem mesmo ter pensado que reequilibrariam as relações dentro da Aliança. Resultado deste brilhante raciocínio: as ações caíram 22% em 2018 e 27% em 2019, bem antes da crise devido à covid-19. O pior resultado da Nissan nas bolsas.

A Renault, por seu lado, também vai mal (um prejuízo de 7,3 bilhões de euros no primeiro semestre de 2020, dos quais 4,8 bilhões causados pela Nissan) e a Aliança acabou. As ações perderam 70% do valor. Existe, é claro, a realidade da covid-19, cuja gravidade não pode ser minimizada, mas isso não desculpa o marasmo absoluto devido a uma bagunça generalizada, uma falta de governança, instâncias de decisão que não funcionam mais e a política que se instala no interior das empresas.

O domínio do Estado francês sobre a Renault é evidente. Quando ele pretende ser o modelo e decide instilar sua estratégia na empresa, dá-se o desastre: não existe mais coragem, clareza e visão além dos interesses políticos imediatos e efêmeros.

Se a indústria automobilística no seu conjunto sofreu e ainda sofre por conta da pandemia, os números dos prejuízos são muito variáveis. No mesmo período, que vai de novembro de 2018 até junho de 2020, o preço da ação da General Motors caiu 12% e o da Toyota, 15%. Por outro lado, o da Nissan caiu 55% e o da Renault, 70%! Não é necessário ser um grande especialista para compreender quem está por trás dessas diferenças.

Constato que, em todos esses acontecimentos, só houve perdedores, e que o governo francês sai diminuído desse caso. O que me deixa mais triste é que, como resultado das decisões erradas tomadas pela cúpula, são as pessoas da base que vão pagar, como sempre, com o fechamento de fábricas, milhares de empregos perdidos... Um enorme desperdício.

Penso — raramente — em como teria sido a minha vida se eu não tivesse aceitado um quarto mandato como presidente da Renault, em 2018. Eu não teria visto a traição dos meus empregadores, o abandono do Estado francês nem a prisão glacial de Kosuge, mas também não teria visto na prática a coragem dos meus familiares. O que vivi foi instrutivo, embora sofrido! O importante, para mim, é ter escapado de um processo no Japão que eu sabia ser tendencioso. De resto, como já disse, não vou fugir da justiça, apenas quero poder me defender.

Nesse sentido, meus advogados japoneses pensam como eu: quando o advogado Hironaka soube que eu estava de volta ao Líbano, ficou surpreso. Ele esperava tudo, menos isso! Alguns dias depois, respondendo a jornalistas que o interrogavam sobre a minha fuga, ele falou com sinceridade: "Se levarmos em conta o tratamento ao qual ele foi submetido, não estou nada surpreso."

Essa declaração corajosa fez com que ele fosse interpelado pela procuradoria japonesa, convencida de que ele sabia dos meus planos... Não, ele não sabia.

Agora que estou — geograficamente — fora do alcance, penso nos milhares de japoneses que mofam nas prisões, essas vítimas anônimas de um sistema penal do qual nunca se fala. Quando se trata de estrangeiros, a imprensa é obrigada a relatar as suas desventuras com a justiça japonesa, sob pressão das embaixadas. Mas e os outros? Se a divulgação da minha história conseguir mudar alguma coisa, e que esses infelizes não sejam completamente esquecidos, ficarei muito feliz.

Muitos desses prisioneiros preferem confessar crimes que não cometeram a serem submetidos a interrogatórios durante meses a fio. Acontece que alguns que foram condenados são libertados anos mais tarde, porque surgiram provas cabais da sua inocência. Todos, quando perguntados por que confessaram, dizem que não aguentavam mais o sofrimento psicológico imposto pela conjugação de um processo judicial de acusação e um regime carcerário drástico.

Minha situação profissional me permitia pagar a advogados, mas qual é o cidadão japonês que pode suportar o pagamento de defensores ao longo de meses, num sistema que deixa os processos se eternizarem? O custo de uma defesa sólida diante do aparelho judiciário japonês é exorbitante, e se não tiver um salário excelente, ou boas rendas, não há nada que se possa fazer. No Japão, quando a mão do procurador cai sobre você, tudo é organizado para que você não consiga mais se livrar dela.

Além disso, de que adianta se defender? Que sistema penal é esse, no qual em 99,4% das vezes os juízes seguem a posição da procuradoria e o suspeito é declarado culpado? Sem contar que o 0,6% que sobra inclui os suspeitos declarados irresponsáveis, os quais são imediatamente internados em hospitais psiquiátricos!

Os advogados, no Japão, perdem praticamente todos os seus processos, nos quais trabalham apenas para "limitar os danos". Quanto aos juízes, eles não servem praticamente para nada. Que belo exemplo de democracia, que cria a ilusão de que seus cidadãos têm direito a uma defesa! É só uma cortina de fumaça. O pior é que esse número de 99,4% — o qual, entre nós, é a expressão de um regime totalitário — é o orgulho dos procuradores japoneses, que estão convencidos de estar realizando um excelente trabalho! O número é inclusive publicado num comunicado oficial.

Essa particularidade do sistema judiciário japonês se explica em parte pelo seguinte: no Japão, os melhores estudantes de direito fazem o concurso para procurador. Uma parcela deles continuará nessa função até o momento em que os melhores entre eles irão para o setor privado, que paga melhor, para se tornarem advogados. Poucos advogados célebres já começaram suas carreiras nessa situação e lá ficaram. Junichiro Hironaka é um deles. Já Motonari Otsuru é um antigo procurador.

Como já disse, treze meses depois da minha prisão ainda não havia uma data prevista para o processo relativo à minha primeira acusação. Para ganhar alguns meses, o juiz me prometeu começar o segundo processo antes que o primeiro estivesse encerrado. Mas, diante dos protestos dos procuradores, que teriam, como me explicaram, "muito trabalho", ele recuou. Foi aí que me dei conta — e meus advogados confirmaram — de que para planejar os dois processos (tenho quatro acusações)* e as apelações sucessivas, seriam necessários de cinco a seis anos! Além disso, se eu fosse condenado, o período de prisão preventiva não seria deduzido da pena, e sim acrescido ao tempo de detenção! É assim no Japão. Tenho 66 anos, portanto, na melhor das hipóteses, eu sairia da prisão com 75 ou oitenta anos, e seria um homem acabado.

Imagino muito bem quais eram os planos da procuradoria japonesa: ela teria feito os procedimentos se arrastarem, sem jamais fixar a data do processo. O de Greg Kelly, meu antigo colega, só começou em 17 de setembro de 2020, ou seja, praticamente dois anos depois da nossa prisão. O que ele teve de suportar até hoje é assustador. Carole e eu falamos de Greg e nos emocionamos ao pensar nele e em Dee, sua esposa, imaginando o combate que ele trava contra essa máquina

---

* Duas por sonegação de rendas em documentos registrados na bolsa e duas por casos de abuso grave de confiança, incluindo desvios de fundos da Nissan.

judiciária abominável, uma vez que está enredado no sistema de reféns...

    O apodrecimento é uma estratégia como outra qualquer — e é a prática do sistema penal japonês. O julgamento é sempre adiado indefinidamente. Os procuradores já o haviam testado comigo enquanto eu estava na prisão. A cada possibilidade de condicional, eles me acusavam de novos delitos e com isso criavam uma nova prisão preventiva, com o objetivo de conseguir confissões. No Japão, enquanto não se confessa, fica-se na prisão. Simples assim.

    Durante a coletiva de imprensa, eu disse uma frase que marcou os que me ouviam: "Achei que eu iria morrer no Japão." Saiu espontaneamente. Eu nunca a tinha pronunciado antes, para não aumentar a preocupação dos meus familiares, mas esse pensamento me assombrou com frequência. Foi também por causa dele que decidi sair do país.

Caroline, Nadine, Maya e Anthony chegaram ao Líbano uma semana depois da minha volta. Na véspera, meu filho estava muito ansioso, se perguntando como ele iria me reencontrar depois de mais de um ano de ausência. Dos quatro filhos, ele foi sem dúvida o que mais sofreu por não poder nem me escrever. Durante certo tempo, ele achou mesmo que nunca mais me veria!

    Nós nos abraçamos longamente, emocionados e felizes ao mesmo tempo. Algumas lágrimas foram derramadas. Ele me achou um pouco envelhecido, cansado. Agora ele está mais tranquilo. "Você voltou a ser como antes!", constatou. "Você, pai, se recupera pouco a pouco. Os outros afundam..."

Esse infortúnio nos modificou. Anthony mais do que todos. "Meu temperamento não é de não reagir diante de uma injustiça, sempre fui reativo. Mas essa história foi um teste para eu me conhecer melhor. Sem dúvida, o mais revelador e o mais difícil da minha vida."

Como as irmãs, ele achava que eu tinha lutado minhas maiores batalhas ao ressuscitar a Nissan. Mas a maior de todas, a mais desgastante, tinha sido essa. Para mim, uma questão de sobrevivência e de honra. Para Anthony, uma angústia de outra natureza. "Eu tinha medo de que a nossa família explodisse, como às vezes acontece quando se atravessam momentos como esse. Eu sabia que a resolução dessa história, e portanto do futuro da nossa família, dependia da sua resiliência mental e da sua capacidade de resistir."

Essa prova nos uniu ainda mais. Cada um tomou posição sem hesitar, posição que é o cimento da nossa relação atual e futura. Eu sei, a partir de agora, que esse episódio dramático manterá esses laços até o fim dos meus dias.

*
 * *

Minha saída do Japão foi o resultado de uma organização motivada pela urgência absoluta de reencontrar um lugar onde eu pudesse me defender e estar perto das pessoas indispensáveis para o meu equilíbrio.

O sucesso dessa operação foi o marco do "primeiro dia do resto da minha vida...", como diz a canção. Tudo feito sem a colaboração do governo francês, sem a ajuda de Carole ou da minha família, como supuseram. "Seus familiares sabiam", li na imprensa. É falso. Eu nunca teria arriscado a vida deles. Minha prioridade consistia em proteger minha família, e a única maneira de não expô-la era não contar sobre meus planos. Tive que afastar de mim os meus familiares sem que eles desconfiassem. Nem sempre foi fácil ou possível: minha irmã Nayla iria me visitar em Tóquio no início de janeiro. Deixei que ela comprasse a passagem de avião, sabendo muito bem que eu não estaria mais lá...

Como já disse anteriormente, durante toda a minha liberdade condicional vivi e agi como se estivesse sendo vigiado. Era uma regra, e meu comportamento, minhas ações e minhas palavras eram definidos em obediência a essa restrição. A partir daí, eu estava protegido porque desconfiava. Consegui, apesar de tudo, me comunicar sem chamar a atenção, uma vez que todos ficaram surpresos de saber que eu estava em Beirute, quando naquele momento eu estaria supostamente almoçando num pequeno restaurante de Tóquio!

Sei por quem e por que eu resisti. Mas seria difícil para mim definir a origem dessa resistência. Talvez ela seja inata, e esperava apenas a prova mais dura da minha vida para mostrar toda a sua dimensão.

Uma outra razão poderia completar essa explicação. Depois que voltei para o Líbano, fui visitar com Carole o vale de Qannoubine, conhecido como "Vale Santo", um local situado no norte do país, de beleza selvagem, cercado por falésias rochosas e gigantescos cedros milenares. Foi aqui que se refugiaram, a partir do fim do século VII, os cristãos maronitas, cofundadores do Líbano, quando eram ameaçados por quem ocupava o litoral.

Vi a privação na qual eles viviam, obrigados a perfurar cavernas nas falésias para se abrigar e a comer os alimentos crus, porque o fogo teria revelado a sua presença aos inimigos. Por apego à sua fé e à sua comunidade, eles resistiram aos diferentes ocupantes, contra tudo e todos. Porque não queriam se render e renunciar às suas convicções.

É claro que seria pretensioso me identificar com esses homens e mulheres admiráveis, mas não posso parar de pensar que meus pais eram maronitas e que, tendo nascido e crescido nessas montanhas escarpadas, eles herdaram a combatividade dos seus ancestrais. Há um pouco do seu sangue em mim, e gosto de pensar que herdei sua tenacidade, a determinação de não recuar quando me sinto atacado de todos os lados. Nos momentos muito difíceis, sobretudo em Kosuge, o orgulho de pensar "Eles não vão me derrotar facilmente" é uma das coisas que me ajudaram a resistir.

Não resisti a 130 dias na prisão e catorze meses em domicílio vigiado apenas pela força do pensamento e da vontade. Precisava de uma coisa maior que eu para superar o desespero, quando não via nenhuma saída: o amor infinito dos meus, a raiva contra a mentira e a injustiça e o sangue dos meus ancestrais.

* *
*

A justiça libanesa quis me ouvir e pediu às autoridades japonesas que enviassem o dossiê com as acusações. Desde então, e apesar de inúmeras demandas, não enviaram. As autoridades japonesas, por sua vez, pediram à Interpol que incluísse meu nome na lista de procurados: a famosa "lista vermelha"* que, hoje, me impede de sair do Líbano, sob pena de ser preso em qualquer país e extraditado para o Japão.

Os outros dois outros países onde eu poderia viver e que não extraditam seus cidadãos são a França e o Brasil. Mas, enquanto a Interpol mantiver sua demanda de prisão e de transferência para o Japão, não sairei do Líbano, onde me sinto em segurança e feliz próximo à minha família e seus habitantes. Depois de ter saído do meu *gulag* japonês, não vou correr o risco de ser jogado nele novamente.

No início de janeiro de 2020, a justiça japonesa emitiu um mandado de prisão contra Carole! Irritados com a minha partida, que não haviam nem imaginado, os procuradores se vingam na minha mulher, cortando-lhe as asas. Nove meses depois de tê-la interrogado e liberado sem qualquer acusação, eles lançam a Interpol à procura dela com o pretexto de terem descoberto, como por coincidência, um falso testemunho bem na véspera da minha coletiva de imprensa. Por uma razão ridícula, ela é privada da sua liberdade e ninguém fica chocado! Estou estupefato e pesaroso. Para me atingir, eles a punem novamente.

Não sei quanto tempo essa situação vai durar. Existem três critérios para que a Interpol possa suspender seu man-

---

* A inclusão do meu nome nessa lista implica o pedido às forças da lei do mundo inteiro de localizar e prender provisoriamente uma pessoa, aguardando sua extradição, sua entrega a outras autoridades ou qualquer outro procedimento judicial.

dado internacional de prisão: se eu provar que o meu caso é político, se os direitos humanos foram desrespeitados ou se o dossiê não foi emitido pela justiça. Ora, eu me enquadro nos três. O número de políticos franceses, japoneses, libaneses e outros que deu declarações sobre este caso é incontável. Os direitos humanos foram desrespeitados várias vezes, começando pela falta de respeito pela presunção de inocência. O primeiro-ministro japonês reconheceu oficialmente que o meu dossiê não tinha relação com a justiça e deveria ter sido tratado no conselho administrativo da Nissan.

Respondo a todos os critérios, mas é preciso esperar até que a Interpol acabe de examinar nossos dossiês. Derrubar uma decisão tomada por um Estado não acontece em um estalar de dedos!

Depois que saí do Japão, uma parte da imprensa me chamou de fugitivo. Não é uma imagem que me entristece: não tenho vergonha de dizer que fugi do sistema de reféns japonês. Ao contrário, sinto-me orgulhoso! Existem muitos fugitivos na história cujas ações serviram para denunciar regimes de opressão. Minha decisão de sair do Japão não é desonrosa, é uma fuga de rebelião, de recuperação, uma fuga para a vida. Ao partir, mostrei que não aceitaria viver como um "sub--humano" num sistema que finge, para o mundo, ser uma democracia com uma justiça digna desse nome.

Gostaria de expor uma coisa que muitas pessoas ignoram: na Europa, quando se assina um tratado de livre-comércio, deve-se assinar também uma obrigação de respeito aos direitos humanos. É o caso do Estado japonês, que assinou numerosos tratados econômicos e comerciais que lhe interessavam, mas que não aplica nem o primeiro desses direitos! Um Estado pode decidir ser uma ditadura e aplicar o sistema de reféns, mas tem obrigação de alertar a comunidade internacional, mostrando como é de verdade. O que acontece é um negócio enganoso: um Estado que quer ter a aparência e as vantagens de uma democracia, sem praticá-la. Essa hipocrisia me revolta. Eu me insurjo contra a mentira japonesa, na qual os procuradores violam todas as regras, discriminando estrangeiros, e onde a defesa sofre restrições e regulamentações.

Minha desventura teve o mérito de lançar um facho de luz sobre essas disfunções e me autoriza a alertar todos os que querem visitar o Japão. É um país magnífico, mas cuidado: no plano da justiça, ele está mais perto de uma ditadura do que de uma democracia!

Então, talvez eu seja um fugitivo, mas de uma situação kafkiana da qual não via saída e porque não aceitava mais que me acusassem sem que eu pudesse me defender. Um provérbio árabe diz que é necessário ter mais coragem para fugir de uma tirania do que para se inclinar diante dela. Eu tentei colocá-lo em prática.

Carole

Após alguns dias de frenesi midiático, Carlos e eu voltamos para nossa casa rosa e fechamos as portas para o alvoroço do mundo. Já era hora de nos redescobrirmos.

Eu tinha feito a promessa de me ajoelhar diante da estátua de são Charbel se Carlos retornasse ao longo do ano de 2020. Como o santo atendeu aos meus desejos para além de nossas expectativas, fomos agradecer juntos. Ter ajudado meu marido a voltar em tais condições foi um milagre, sei disso.

Amadureci muito durante esse terrível ano de 2019. Muitos acontecimentos em nossa vida nos faz crescer, mas um choque como esse causa transformações profundas. Se esse desafio mudou Carlos e todo o nosso círculo, também fez de mim outra pessoa, mais lúcida quanto ao funcionamento do mundo e dos homens, sobre sua sinceridade e hipocrisia. Achei que eu fosse idealista, mas era só um pouco ingênua! Eu me tornei mais forte e mais dura, mais pessimista também e, sem dúvida, mais resistente. Ao enfrentar adversários maiores, cresce-se. Todos nós crescemos.

Hoje vejo a vida de forma diferente porque não sou mais a mesma. Carlos diz ter visto uma nova Carole "sair de sua carapaça" e descobriu meu lado de combatente obstinada. Até mesmo o olhar de Daniel, Anthony e Tara sobre sua mãe mudou. Eles não conheciam a guerreira em mim e adoraram vê-la despertar! Hoje, sei que me enxergam de forma diferente e que minha opinião importa mais do que antes. Talvez porque eu também a expresse com mais frequência...

Ninguém confronta dois Estados como eu fiz. A menos que ame. Precisei de coragem, mas meu orgulho vem não de onde as pessoas imaginam. Se devo me orgulhar de algo é de ter mostrado a meus filhos que, seja qual for a adversidade, não devemos desistir se soubermos que temos razão.

Minha outra satisfação foi ter mostrado até onde pode ir uma mulher que ama seu marido. Quanto a Carlos, ele nos provou do que um homem apaixonado é capaz. Durante toda a minha vida, sempre vou admirar a coragem que ele precisou ter para planejar sua fuga, realizá-la, correr tantos riscos... Porque sei que nem todo mundo é capaz de assumir o controle de sua vida em circunstâncias tão extremas. E ele conseguiu!

Essa história é também a história do triunfo do amor e de tudo que ele é capaz de nos fazer realizar.

Há um ano, aprendemos a viver plenamente cada momento feliz, já que não sabemos o que o futuro nos reserva. Hoje, Carlos está perto de mim. Nós estamos juntos, e é isso que importa. O resto, a gente vai levando.

Carlos

Reencontro com Beirute

Um ano se passou desde que voltei ao Líbano.

Tive que me "consertar", aprender a gerir minhas impaciências, minha cólera, rever minhas urgências estando seguro de não agir por instinto, mas, sim, com racionalidade, para fazer as coisas na hora certa levando em conta as minhas prioridades e não o que me "atiça".

Ainda precisarei de algum tempo até reencontrar meu equilíbrio e o controle total de mim mesmo. Há um sinal que me faz compreender que estou melhor: desde que voltei ao Líbano, voltei a ouvir música, o que eu não tinha feito durante um ano. Fisicamente, não tenho muitas sequelas, mas o meu sono ainda é agitado e sei que Carole tem pesadelos.

De resto, nada está resolvido: devo enfrentar duas grandes empresas e Estados que dispõem de meios gigantescos. Por outro lado, tenho uma vontade e uma motivação que eles talvez não tenham: tenho a força da intensidade; eles, a dos recursos. É um combate de Davi contra Golias, uma batalha na qual estou engajado e espero um dia ganhar, fazendo triunfar a verdade.

As pessoas que encontro na rua continuam a me desejar as boas-vindas. "Rezamos muito pelo senhor...", dizem. Eu agradeço, dizendo que foi graças às suas orações que estou aqui. Não é um elogio barato, acredito mesmo nisso — a probabilidade de eu ser bem-sucedido na minha saída do Japão era mínima. Gosto de pensar que as estrelas, em algum lugar, se alinharam para me ajudar.

Durante anos, viajei de um continente a outro. Eu era um cidadão do mundo, em trânsito permanente entre diferentes países, diferentes mercados. Minha verdadeira casa era o avião. Eu precisava estar perpetuamente em movimento, e era inconcebível para mim viver num único país.

Tendo criado laços em muitos lugares do mundo desde a minha infância, sou um nômade por definição. Minha relação com o Brasil é especial, muito diferente da que tenho com os outros países. Eu nasci lá, mas vivi nele durante pouco tempo. Não estudei e trabalhei pouco lá — quatro anos na Michelin, meus anos de aprendizagem. No entanto, esse país, cujas principais riquezas são uma natureza grandiosa e um povo infinitamente alegre e generoso, ainda é para mim o símbolo absoluto da vida tranquila.

Com a idade avançando, escolhi me estabilizar e fazer meu ninho em Beirute. O Líbano é um ponto comum entre mim e Carole. Aqui temos nossa família e nossos amigos. É bom viver aqui. O essencial para nós é criar uma harmonia no local onde vivemos, com gosto e com amor.

Não encontrei tanta boa vontade em relação a mim em nenhum lugar como no Líbano. "Os libaneses têm alguns defeitos, compensados pelo fato de não abandonarem os seus...", gosta Carole de dizer. É verdade, e eles mostraram que têm um profundo sentimento de justiça: seja qual for o motivo da acusação, não admitiram que eu tivesse sido impedido de me defender. Ficaram do meu lado, a grande maioria.

Em que pese o ritmo da minha vida profissional, não cortei ligações com meu país de origem, tudo me fazia pensar nele. Talvez seja essa lealdade jamais desmentida para com eles que os libaneses me retribuem. Sei que se orgulham da minha carreira — são os únicos que nunca esquecem! — e me respeitam. Mesmo se as autoridades me proibissem de sair do país, não me considero um prisioneiro. Sinto-me livre aqui.

Há algum tempo digo que vou dedicar parte do meu tempo de aposentadoria às jovens gerações, a fim de transmitir-lhes uma parcela da minha experiência. Tenho vontade de devolver aos jovens o que recebi. Vou fazer isso no Líbano. Minha desventura acelerou meu calendário pessoal. Estou em contato com a Universidade do Espírito Santo de Kaslik (Usek), em Beirute, para colaborar em um programa de formação sobre elementos concretos de administração, com base na minha prática e na de outras pessoas que selecionarei como palestrantes. Paralelamente, proporei também formações nas funções de novas tecnologias, bem como orientações aos dirigentes de start-ups para acelerar a criação de empregos.

Já pensava nesses projetos havia muito tempo. No momento em que o Líbano é ferido de todos os lados e o infortúnio se abate sobre seus habitantes, quero participar como puder na reconstrução, e servir ao país ajudando-o a reerguer suas empresas e criar algumas novas.

Há muita coisa a se fazer por aqui... Aos que imaginam que vou assumir altas funções à frente do país, respondo que não sinto atração pela carreira política e não sou candidato a nada. É um meio que me desagrada, no qual não me sinto à vontade. Eu vi como funciona quando fui presidente de empresas e tive embates com políticos, o que não me dá vontade de fazer parte desse meio.

Essa decisão de não me envolver na política foi tomada muito antes de o Líbano ser vitimado pelo cataclismo econômico que todos conhecem, e que me toca porque atinge uma parte dos libaneses que não são responsáveis por nada. Hoje, tenho consciência que este país necessita de todas as suas energias: se reconhecem em mim algumas competências, ficarei feliz de colocá-las a serviço do seu renascimento e da economia libanesa. Não desejo nem o poder nem a representação política, mas, se precisarem de mim, ajudarei incondicionalmente.

Mesmo existindo ameaças sobre a minha cabeça e a da minha mulher, o que eu vivi durante um ano me trouxe muita sabedoria, no sentido da compreensão do valor real das coisas, da importância do tempo que passa, dos momentos compartilhados com meus familiares e das prioridades reais na minha vida atual e futura. Ao mesmo tempo, é um período "caótico" para mim, que gosto de situações claras e bem definidas: minha vida é ao mesmo tempo ameaçada e deliciosa, angustiante e feliz, estressante, porém mais leve que antes, com uma aposentadoria a ser organizada, num momento-chave para o meu país.

É um período de transição, rico em acontecimentos de todos os tipos. Fiz involuntariamente inimigos que têm todo o interesse em me destruir e nenhum interesse em me ver recuperado e me defendendo. Mas acho que o tempo trabalha a meu favor, porque as pessoas vão falar, os que estavam no poder e me abandonaram passarão, os dirigentes irão para a aposentadoria, substituídos por novas gerações que procurarão entender e ficarão surpresas com o que fizeram comigo. Sempre existem essas fases temporárias da vida, já que as coisas não são nunca definitivas, de um lado ou de outro. Acho que já atravessei minha fase sombria, chegou o momento em que a roda gira e a verdade aparece.

Na situação na qual me encontro, na qual o Líbano se encontra, é melhor não fazer planos para o futuro a longo prazo, mas tenho muitos planos. Por enquanto, devo aceitar as incertezas e enfrentar minhas batalhas. A vantagem da situação atual é que não tenho outras responsabilidades além de provar minha inocência, quando for chegado o momento, e de lavar minha honra e minha reputação. É nisso que trabalho.

Ao final da coletiva de imprensa em Beirute, no último dia 8 de janeiro, Carole jogou-se em meus braços. "Amo você, *Hayate*. Você é meu herói." Eu poderia responder a ela com as mesmas palavras. Nós lutamos muito, ela e eu, cada um de um lado. De agora em diante, caminharemos de mãos dadas. O amanhã está cheio de incógnitas, mas o presente fica mais rico a cada segundo com a presença do outro. Outros combates nos esperam. Nós os enfrentaremos até o fim. Juntos, sempre.

Beirute, 15 de novembro de 2020

Comunicado do dia 23 de novembro de 2020:

A ONU condena a prisão arbitrária de Carlos Ghosn no Japão, denuncia a violação do seu direito a um processo justo e recorre ao relator especial sobre a tortura.

O grupo da Organização das Nações Unidas sobre prisões arbitrárias, reunido perante o alto comissariado dos direitos humanos, emitiu um relatório oficial sobre as condições nas quais o sr. Ghosn foi preso, encarcerado e interrogado. Ao final de uma análise profunda e de um procedimento contraditório, qualifica a sua detenção como "arbitrária" e declara que o processo aberto contra ele é "contrário às leis e aos tratados internacionais que garantem um processo justo".

Os especialistas da ONU apelam ao Japão para reparar os prejuízos impostos ao sr. Ghosn e abrir um inquérito imparcial sobre as condições nas quais os processos foram conduzidos. Sem se pronunciar sobre o caso em questão, o parecer descreve em dezessete páginas as circunstâncias de uma prisão encenada para humilhar, os abusos de uma detenção injustificada, a privação dos direitos de defesa e os qualifica juridicamente à luz dos tratados internacionais sobre os direitos humanos.

Além disso, consideram que, tendo em vista todas as circunstâncias do caso, a medida correta consistiria em conceder ao sr. Ghosn o direito de receber uma reparação efetiva, de acordo com o direito internacional.

Também apela ao governo japonês para garantir um inquérito completo e independente sobre as circunstâncias em que se deu a detenção arbitrária do sr. Ghosn, e a tomar as medidas apropriadas contra os responsáveis pela violação dos seus direitos.

Agradecimentos

A Muriel e a Claude, que nos ajudaram a escrever este livro.

A nossa família e a todos os nossos amigos, graças aos quais conseguimos superar essa provação.

Obrigado a Abbas, Alain, Alice, Alison, Anita, Anja, Anne, Aurélie, Boutros, Carlos, Carmen, Charles, Chibli, Claudine O., Claudine P., Dani, Dina, Évelyne, Fayez, Florence, Fourat, François D., François Z., Fred, Frédérique, Gary, Georges, Ginevra, Hélène, Hervé, Hiroshi, Hoda, Jad, Jean, Jean-Yves, Jeff, Jessica, Joanna, Joao, Joëlle, Jose, Joseph, Junichiro, Kamal, Katia, Keiko, Ken C., Ken R., Khalil, Lara, Laurent, Leslie, Lina, Malek, Marc, Maria B., Maria G., Maria H., Marie, Mario, Maurice, May, Megumi, Michael, Misou, Nada, Nadim, Naji, Najib, Nathalie, Nayla, Nicolas F., Nicolas M., Nicolas S., Nidal, Nobuo, Noni, Olivier, Pascal, Philippe R., Philippe V., Pierre, Rabih, Rachel, Raed, Raphaël, Raymond, Riham, Rima, Sami, Sara, Sylvia, Sylvie, Tadashi, Takashi, Tanya et Vania.

Um muito obrigado ao povo libanês, que nos apoiou desde o início, sem falhar.

1ª edição	MARÇO DE 2021
impressão	BARTIRA
papel de miolo	PÓLEN SOFT 70G/M²
papel de capa	CARTÃO SUPREMO ALTA ALVURA 250G/M²
tipografia	BEMBO